갑진년 절기 및 월건표

서기 2024 단기 4357

음력 大 = 30일까지
음력 小 = 29일까지

음력月대소	1월 小	2월 大	3월 小	4월 小	5월 大	6월 小	7월 大	8월 大	9월 小	10월 大	11월 大	12월 小
월건	병인	정묘	무진	기사	경오	신미	임신	계유	갑술	을해	병자	정축
양력 일일진초	갑자	을미	갑자	을미	을축	병신	병인	정유	무진	무술	기사	기해
음력 일일진초	갑진	계유	계묘	임신	신축	신미	경자	경오	정유	기사	기해	기사
절기	우입 수춘	춘경 분칩	곡청 우명	소입 만하	하망 지종	대소 서서	처입 서추	추백 분로	상한 강로	소입 설동	동대 지설	대소 한한
양력 절기일 및 시간	2월 19일 13시 13분 / 2월 4일 17시 27분	3월 20일 12시 06분 / 3월 5일 11시 23분	4월 19일 23시 00분 / 4월 4일 16시 02분	5월 20일 15시 59분 / 5월 5일 09시 10분	6월 21일 05시 51분 / 6월 5일 13시 10분	7월 22일 16시 44분 / 7월 6일 23시 20분	8월 22일 23시 55분 / 8월 7일 09시 09분	9월 22일 20시 44분 / 9월 7일 12시 11분	10월 23일 06시 15분 / 10월 8일 03시 00분	11월 22일 03시 56분 / 11월 7일 07시 20분	12월 21일 18시 21분 / 12월 7일 00시 17분	1월 20일 05시 00분 / 1월 5일 12시 03분
절입시각	미유 시시	오오 시시	자신 시시	해사 시시	묘미 시시	신자 시시	자사 시시	해오 시시	진인 시시	인진 시시	유자 시시	묘오 시시
음력 구성초일	오황	칠적	일백	삼벽	오황	이흑	구자	육백	삼벽	일백	칠적	육백
음력초일 양력일	2월 10일	3월 10일	4월 9일	5월 8일	6월 6일	7월 6일	8월 4일	9월 3일	10월 3일	11월 1일	12월 1일	1월 31일

- 1 -

갑진년 1月 大

서기 2024년
단기 4357년

음력 11월 20일부터 12월 21일까지

양력	1 신정	2	3	4	5	6	7
음력	20	21	22	23	24	25	26
요일	월	화	수	목	금	토	일
일진	甲子 갑자	乙丑 을축	丙寅 병인	丁卯 정묘	戊辰 무진	己巳 기사	庚午 경오
지지상형	돼지	소	호랑이	토끼	용	뱀	말
결혼주당	翁 옹	堂 당	姑 고	夫 부	廚 주	婦 부	竈 조
이사주당	災 재	師 사	富 부	殺 살	害 해	天 천	利 이
십이신	建 건	除 제	滿 만	平 평	定 정	執 집	平 평
안장주당	孫 손	男 남	父 부	客 객	婦 부	母 모	女 여
구성	一白 일백	二黑 이흑	三碧 삼벽	四綠 사록	五黃 오황	六白 육백	七赤 칠적
재수 있는 사람과 하면 좋은 일	子、丑、寅、辰、巳、申、戌 생은 동토、입학、수리 등 길	子、丑、卯、巳、申、戌 생은 제사、출행、개업 등 길	子、丑、卯、巳、未、申、酉 생은 기도、증축、묘사 등 길	丑、卯、辰、巳、未、亥 생은 출행、입주、접종 등 길	子、午、未、申、酉 생은 제사、묘사 등 길	子、丑、卯、未、酉 생은 개업、조선、매매 등 길	丑、寅、卯、未、酉、戌 생은 동토、수리、학술발표 등 길
재수 없는 사람과 하면 나쁜 일	卯、午、未、酉、亥 생은 송사、개문 등 불길. 누구나 불길일 이사	卯、午、未、酉、亥 생은 동토、승선 등 불길. 이사	子、辰、午、未、戌、亥 생은 매사 불길	子、辰、午、申、酉 생은 동토、승선、이장 등 불길. 결혼사	丑、寅、卯、辰、巳、戌、亥 생은 매사 불길. 이사	寅、辰、巳、午、戌、亥 생은 출행、안장、개업 등 불길. 결혼	子、辰、巳、午、申、亥 생은 개업、개문、수리 등 불길.

소한 기사일 묘시 5시 49분

계묘년 12월 大月
을축

16	15	14	13	12	11	10	9	8	양력
6	5	4	3	2	12/1	29	28	27	음력
화	월	일	토	금	목	수	화	월	요일
己卯 기묘	戊寅 무인	丁丑 정축	丙子 병자	乙亥 을해	甲戌 갑술	癸酉 계유	壬申 임신	辛未 신미	일진
토끼	호랑이	소	쥐	돼지	개	닭	원숭이	양	지지형상
竈조 富부 滿만 母모	第제 殺살 除제 女여	翁옹 害해 建건 死사	堂당 天천 建건 孫손	姑고 利리 閉폐 男남	夫부 安안 開개 父부	堂당 師사 收수 男남	翁옹 災재 成성 孫손	第제 安안 危위 死사	결혼주당 이사주당 십이신 안장주당
七赤 칠적	六白 육백	五黃 오황	四綠 사록	三碧 삼벽	二黑 이흑	一白 일백	九紫 구자	八白 팔백	구성
생은 丑、寅、卯、巳、未、개업등 길	개업、금전상담、개문 등 길 子、丑、寅、辰、午、戌생은	제사、묘사、산신기도 등 길 子、午、未、申、酉생은	생은 계약、학술발표、여행 등 길 子、丑、寅、辰、巳、申	수리、학술발표、여행 등 길 丑、寅、卯、未、申、戌생은	생은 출행、입주、계약등 길 子、寅、卯、午、戌、亥	매사 평길、학술발표 대길。 子、丑、辰、巳、午、未、申、戌생은	생은 여행、개업、상담등 길 寅、卯、辰、巳、午、申、亥	매사 불길	재수 있는 사람과 하면 좋은 일
매사 불길 子、辰、午、申、酉 생은	매사 불길 卯、巳、未、酉、亥생은	생은 매사 불길 丑、寅、卯、辰、巳、戌、亥	송사、개문 등 불길 卯、午、未、酉、亥생은	개업、개문、약혼 등 불길 子、辰、巳、午、酉、亥생은	매사 불길 丑、辰、巳、未、酉생은	동토、승선、상가집 주의。 子、寅、卯、酉、戌생은	매사 불길 寅、卯、巳、午、酉、戌생은	송사 불길 子、丑、未、酉、戌 생은	재수 없는 사람과 하면 나쁜 일
	이사	이사		결혼	결혼		이사		누구나 불길일

- 3 -

양력	17	18	19	20	대한 계미일 자시 23시 7분	21	22	23	24
음력	7	8	9	10		11	12	13	14
요일	수	목	금	토		일	월	화	수
일진	庚辰 경진	辛巳 신사	壬午 임오	癸未 계미		甲申 갑신	乙酉 을유	丙戌 병술	丁亥 정해
지지형상									
결혼주당 이사주당 십이신 안장주당	婦師平婦 부사평부	廚災定客 주재정객	夫安執父 부안집부	姑利破男 고이파남		堂天危孫 당천위손	翁害成死 옹해성사	第殺收女 제살수녀	竈富開母 조부개모
구성	八白 팔백	九紫 구자	一白 일백	二黑 이흑		三碧 삼벽	四綠 사록	五黃 오황	六白 육백
재수 있는 사람과 하면 좋은 일	子、午、未、申、酉、생은 기도、제사、계약、입문 길	子、丑、辰、巳、未、申 생은 여행、동토、계약등 길	寅、辰、巳、未、申、酉、戌 생은 기도、제사、수리등 길	寅、卯、辰、未、申、亥 생은 여행、개업、상담등 길		子、丑、辰、午、未、申、戌 생은 묘사、개업、구직 등 길	丑、辰、巳、午、申、戌 생은 출행、입주、입학등 길	子、寅、卯、午、申、戌 생은 묘사、안택、기도등 길	子、丑、寅、卯、未 생은 묘사、이장 등 길
재수 없는 사람과 하면 나쁜 일	丑、寅、卯、辰、巳、戌、亥 생은 출행、개업、이장 불길	寅、卯、酉、戌、亥 송사、신축、도적수 불길	子、丑、卯、午、亥 이장 등 불길	子、丑、未、酉、戌 송사 불길		寅、卯、巳、午、酉、亥생은 약혼、출행、개업 등 불길	子、寅、卯、酉、戌 동토、승선、이장 등 불길	丑、辰、巳、未、酉 생은 매사 불길	辰、巳、午、申、酉、戌、亥 생은 매사 불길
누구나 불길일	결 혼	이 사		결 혼			이 사	이 사	결 혼

양력	25	26	27	28	29	30	31
음력	15	16	17	18	19	20	21
요일	목	금	토	일	월	화	수
일진	戊子 무자	己丑 기축	庚寅 경인	辛卯 신묘	壬辰 임진	癸巳 계사	甲午 갑오
지상지형	(쥐)	(소)	(호랑이)	(토끼)	(용)	(뱀)	(말)
결혼주당 이사주당 십이신 안장주당	婦부 師사 閉폐 婦부	廚주 災재 建건 客객	夫부 安안 除제 父부	姑고 利이 滿만 男남	堂당 天천 平평 孫손	翁옹 害해 定정 死사	第제 殺살 執집 女여
구성	七赤 칠적	八白 팔백	九紫 구자	一白 일백	二黑 이흑	三碧 삼벽	四綠 사록
재수 있는 사람과 하면 좋은 일	子、丑、寅、辰、巳、申、戌 생은 동토, 입학, 수리등 길	子、丑、寅、卯、巳、申、酉 생은 제사, 가옥 수리 등 길	子、丑、寅、辰、午、戌 생은 개업, 금전상담, 개문 등 길	丑、寅、卯、巳、戌、亥 생은 기도, 제사, 개업등 길	子、午、未、申、酉 생은 기도, 제사, 계약, 입문 길	子、午、未、묘사, 산신기도 등 길	寅、辰、巳、未、申、酉、戌 생은 기도, 약혼, 상량등 길
재수 없는 사람과 하면 나쁜 일	卯、午、未、酉、亥 생은 송사, 개문, 기도 등 불길	辰、巳、午、未、戌、亥 생은 상가에 가지말 것, 매사불길	卯、巳、未、申、酉、亥 생은 매사 불길	子、辰、午、申、酉 생은 매사 불길	丑、寅、卯、辰、巳、戌、亥 생은 출행, 개업, 승선 불길	丑、寅、卯、辰、巳、戌、亥 생은 매사 불길	子、丑、卯、午、亥 수리, 동토 등 불길
누구나 불길일	결혼	이사	결혼			이사	이사

양력	1	2	3	4		5	6	7
음력	22	23	24	25		26	27	28
요일	목	금	토	일		월	화	수
일진 지상 지형	乙未 을미	丙申 병신	丁酉 정유	戊戌 무술	입춘 무술일 유시 17시 27분	己亥 기해	庚子 경자	辛丑 신축
결혼주당 이사주당 십 이 신 안장주당	竈조 富부 破파 母모	婦부 師사 危위 婦부	廚주 災재 成성 客객	夫부 安안 收수 父부		姑고 利리 開개 男남	堂당 天천 閉폐 孫손	翁옹 害해 建건 死사
구 성	五오황 黃	六육백 白	七칠적 赤	八팔백 百		九구자 紫	一일백 白	二이흑 黑
재수 있는 사람과 하면 좋은 일	寅、卯、辰、午、申、亥생은 약혼、여행、개업、이장등길	子、丑、辰、未、申、戌생은 매사 평길、학술발표 대길。	丑、辰、巳、午、未、申、戌、亥생은 출행、입주、입학등 길	子、寅、卯、午、申、戌、亥생은 기도、제사、개업 등 길	子、寅、卯、辰、午、戌생은 출행、기천、기도 등	丑、寅、卯、巳、未、戌、亥 생은 기도、제사、개업등 길	子、丑、寅、卯、巳、申、酉 생은 묘사、계약、기도등 길
재수 없는 사람과 하면 나쁜일	子、丑、巳、未、酉、戌생은 매사 불길	寅、卯、巳、午、亥생은 매사 불길	子、寅、巳、未、酉 동토、승선、이장 등 불길。	丑、辰、巳、未、酉 안장、이장、약혼 등 불길。	卯、巳、未、申、酉생은 매사 불길。	子、辰、午、酉생은 매사 불길	辰、午、未、戌、亥생은 여행 특히 불길
누구나 불길일		결혼	이사	결혼		결혼		이사

갑진년 2월 小

음력 12월 22일부터 1월 20일까지

양력	8	9	10	11	12	13	14	15	16
음력	29	30	1/1	2	3	4	5	6	7
요일	목	금	토	일	월	화	수	목	금
일진	壬寅 임인	癸卯 계묘	甲辰 갑진	乙巳 을사	丙午 병오	丁未 정미	戊申 무신	己酉 기유	庚戌 경술
지지형상	(호랑이)	(토끼)	(용)	(뱀)	(말)	(양)	(원숭이)	(닭)	(개)
결혼주당	第제女여	竈조母모	婦부母모	竈조女여	第제死사	翁옹孫손	堂당男남	姑고父부	夫부客객
이사주당 십이신 안장주당	殺살建건	富부除제	天천滿만	利이平평	安안定정	執집	師사破파	危위	成성
구성	三碧 삼벽	四綠 사록	五黃 오황	六白 육백	七赤 칠적	八白 팔백	九紫 구자	一白 일백	二黑 이흑
재수 있는 사람과 하면 좋은일	子、丑、寅、辰、午、戌、亥 생은 이장、여행、계약 등 길	丑、寅、卯、巳、未、戌、亥 생은 기도、제사、개업 등 길	子、丑、卯、未、申、酉 생은 출행、접종、식목、약혼등길	子、丑、卯、未、申、酉 생은 묘사、입주、약혼 등 길。	寅、辰、巳、未、戌 생은 기도、제사、수리 등 길。	丑、寅、辰、午、未、酉、亥 개토、수리、학술발표 길。	子、丑、辰、午、未、申、亥 생은 매사 평길、취임식대길	丑、辰、巳、未、申、亥 생은 입학、이장、계약 등 길。	子、寅、卯、午、戌、亥 생은 기도、묘사、개업등 길
재수 없는 사람과 하면 나쁜일	卯、巳、未、申、酉 생은 개문、개업、약혼 등 불길。	子、辰、午、申、酉 생은 매사 불길、운전 주의。	丑、寅、卯、辰、巳、戌、亥 생은 안장 불길、연인 주의	寅、辰、巳、午、戌、亥 생은 동토、이장、출행 등 불길	子、丑、巳、午、亥 생은 이장 등 불길	子、辰、巳、午、申、亥 생은 수리、개업、개문 등 불길。	寅、辰、午、酉、戌 생은 매사 불길、시험운 대흉。	子、寅、午、酉、戌 생은 이장、출행 등 불길	丑、辰、巳、未、酉 생은 안장、이장、약혼 등 불길。
누구나 불길일	이사		결혼		이사				결혼이사

양력	17	18	19		20	21	22	23	24
음력	8	9	10		11	12	13	14	15
요일	토	일	월	우	화	수	목	금	토
일진	辛亥 신해	壬子 임자	癸丑 계축	수	甲寅 갑인	乙卯 을묘	丙辰 병진	丁巳 정사	戊午 무오
지상지형				계					
결혼주당 이사주당 십이신 안장주당	廚주 害해 收수 婦부	婦부 天천 開개 母모	竈조 利리 閉폐 女여	축 일	第제 安안 建건 死사	翁옹 災재 除제 孫손	堂당 師사 滿만 男남	姑고 富부 平평 父부	夫부 殺살 定정 客객
구성		三碧 삼벽	四綠 사록	五黃 오황	미	六白 육백	七赤 칠적	八白 팔백	九紫 구자	一白 일백
재수 있는 사람과 하면 좋은 일	丑、寅、卯、午、未、申、亥 생은 입주、입학、수리등 길	子、丑、辰、巳、申、戌 생은 동토、입학、수리등 길	子、丑、寅、未、酉 생은 조선、도배등 길。	시 13 시 13 분	子、丑、寅、辰、午、戌 생은 개업、금전상담、개문 등길	子、寅、卯、辰、巳、未、戌、亥 생은 출행、입주、접종등 길。	子、午、未、酉 생은 제사、묘사 등 길。	子、丑、未、酉 생은 묘사、이장、상량 등 길。	寅、辰、巳、未、申、酉、戌 생은 기도、약혼、제사등 길
재수 없는 사람과 하면 나쁜 일	子、辰、巳、酉、戌 생은 재배 불길、투자 주의。	卯、午、未、酉、亥 생은 송사、개문등 불길。	寅、辰、巳、午、申、戌、亥 생은 출행、개업 등 불길。		卯、巳、未、申、酉、亥 생은 매사 불길。	子、辰、午、申、酉 생은 동토、승선、이장 등 불길。	丑、寅、卯、辰、巳、戌、亥 생은 매사 불길。	寅、辰、巳、午、戌、亥 생은 매사 불길。	子、丑、卯、午、亥 생은 이장 등 불길
누구나 불길일	결혼 이사	결혼 이사	결혼		이사				결혼 이사

정월 대보름

양력	25	26	27	28	29
음력	16	17	18	19	20
요일	일	월	화	수	목
일진	己未 기미	庚申 경신	辛酉 신유	壬戌 임술	癸亥 계해
지상지형	(양)	(원숭이)	(닭)	(개)	(돼지)
결혼주당	廚주	婦부	竈조	第제	翁옹
이사주당	害해	天천	利이	安안	災재
십이신	執집	破파	危위	成성	收수
안장주당	婦부	母모	女여	死사	孫손
구성	二黑 이흑	三碧 삼벽	四綠 사록	五黃 오황	六白 육백
재수 있는 사람과 하면 좋은 일	寅、卯、辰、巳、午、申、亥 생은 여행、개업 등 길.	子、丑、辰、巳、午、未、申、戌생은 묘사、개업、구직 등 길.	丑、辰、巳、午、未、申、戌생은 출행、입주、계약등 길	子、寅、卯、午、申、戌、亥 생은 기도、제사、개업 등 길	丑、寅、卯、午、未、申、亥 생은 입주、입학、수리등 길
재수 없는 사람과 하면 나쁜 일	子、丑、未、酉、戌 생은 송사 불길、부부 언쟁주의.	子、丑、卯、巳、午、酉、戌、亥생은 약혼、출행、개업 등 불길.	子、寅、卯、酉、戌、亥 생은 동토、승선、상가집 주의.	丑、辰、巳、未、酉 생은 안장、이장、약혼 등 불길.	子、辰、巳、酉、戌 생은 재배 불길、투자 주의
누구나 불길일	이사		결혼		결혼 이사

2. 28 민주운동 기념일

★ 재미로 보는 이달의 운세

☯ 음력 정월 첫 갑자일에 바람이 불거나 비가 오면 금년 1년 동안 장마가 지며, 농작물은 풍작이나 과실의 수확이 적으며, 맑으면 1년 내내 매사가 길하고, 오곡이 풍성하다. 1월 출생자는 10월생과 결혼하면 불길하다. 정월에 이사는 손재를 초래하나, 중순을 지나면 무난하다.

☯ 궁합은 왜 보아야 하나?
사람마다 개성이 다르고, 사람중에도 사람이 있고, 허울은 사람이로되 마음은 동물중에 악한 동물과 같은 사람이 있으니 사람을 좋게 하도록 하는 것이 서로 도우는 부부가 되므로 궁합은 상대를 적당한 사람끼리 대조시키는 것이므로 궁합을 보는 것이 좋다.

양력	1	2	3	4	5	6	7	갑진년 3월 大
음력	21	22	23	24	25	26	27	
요일	금	토	일	월	화	경칩 무진일 오시 11시 23분	수	목	
진지상	甲子 갑자	乙丑 을축	丙寅 병인	丁卯 정묘	戊辰 무진	己巳 기사	庚午 경오	
지형								
결혼주당 이사주당 십이신 안장주당	堂당사師 開개 男남	姑고부富 閉폐 父부	夫부살殺 建건 客객	廚주해害 除제 婦부	婦부천天 滿만 母모	竈조리利 平평 女여	第제안安 定정 死사	
구성	七 칠적 赤	八 팔백 百	九 구자 紫	一 일백 白	二 이흑 黑	三 삼벽 碧	四 사록 綠	
재수 있는 사람과 하면 좋은 일	子、丑、寅、辰、巳、申、戌 생은 동토、입학、수리등 길	子、午、未、申、酉 생은 제사、묘사、산신기도 등 길	子、丑、寅、辰、午、戌생은 개업、금전상담、개문 등 길	子、午、未、申、酉 생은 기도、제사、계약、입문 길	丑、寅、卯、巳、未、戌、亥 생은 기도、제사、개업등 길	子、丑、卯、未、酉 생은 이장、상량 등 길。	寅、辰、巳、未、申、酉、戌 생은 기도、제사、수리등 길	음력 1월 21일부터 2월 22일까지
재수 없는 사람과 하면 나쁜 일	卯、午、未、酉、亥 생은 송사、개문 등 불길	丑、寅、卯、辰、戌、亥 생은 매사 불길。	卯、巳、未、申、酉、亥생은 매사 불길。	子、辰、午、申、酉 생은 매사 불길。	丑、寅、卯、辰、巳、戌、亥 생은 출행、개업、이장 불길	寅、辰、巳、午、申、戌、亥 생은 매사 불길。	子、丑、卯、午、亥 생은 이장 등 불길。	
누구나 불길일		결 혼 사	이 사	결 혼				

삼일절 (1일), 납세자의 날 (3일)

양력	8	9	10	11	12	13	14	15	16
				갑진년 2월 大 정묘月				3, 15 의거 기념일	
		3. 8 민주의거 기념일							
음력	28	29	2/1	2	3	4	5	6	7
요일	금	토	일	월	화	수	목	금	토
일진	辛未 신미	壬申 임신	癸酉 계유	甲戌 갑술	乙亥 을해	丙子 병자	丁丑 정축	戊寅 무인	己卯 기묘
지상 지형	양	원숭이	닭	개	돼지	쥐	소	호랑이	토끼
결혼주당	翁옹	堂당	夫부	姑고	堂당	翁옹	第제	竈조	婦부
이사주당	災재	師사	安안	利이	天천	害해	殺살	富부	師사
십이신	執집	破파	危위	成성	收수	開개	閉폐	建건	建건
안장주당	孫손	男남	父부	男남	孫손	死사	女여	母모	婦부
구성	五黃 오황	六白 육백	七赤 칠적	八白 팔백	九紫 구자	一白 일백	二黑 이흑	三碧 삼벽	四綠 사록
재수 있는 사람과 하면 좋은 일	寅、卯、辰、巳、午、申、亥생은 여행、이장、개업등 길	子、丑、辰、巳、午、未、申、戌생은 매사 평길、학술발표 대길。	丑、辰、巳、午、未、申、戌、亥생은 출행、입주、입학등 길	子、寅、卯、午、申、戌、亥생은 개점、수리、증축등 길	생은 寅、卯、午、未、申、亥 입주、입학、수리등 길	생은 子、丑、寅、辰、巳、申、戌 동토、입주、수리등 길	子、寅、卯、申、酉생은 개업、입주、혼담 등 길。	子、丑、寅、辰、戌、亥 생은 이장、여행、계약등 길	丑、寅、卯、巳、未、戌、亥 생은 출행、입주、접종등 길
재수 없는 사람과 하면 나쁜일	子、丑、未、酉、戌 생은 송사 불길 。	寅、卯、巳、午、酉、亥 생은 매사 불길	子、寅、卯、酉、戌 생은 동토、승선、이장 등 불길。	丑、辰、巳、未、酉 생은 출행、개업、안장 등 불길。	子、辰、巳、酉、戌 생은 재배 불길、투자 주의 。	卯、午、未、戌、亥생은 송사、개문 등 불길 。	丑、辰、午、未、戌、亥생은 백사 불길、취임식 대흉。	卯、巳、未、申、酉 생은 개문、개업、약혼 등 불길。	子、辰、午、申、酉 생은 동토、승선、이장 등 불길。
누구나 불길일	이 사		결 혼			이 사	이 사		결 혼

양력	17	18	19	20		21	22	23	24
				상공의 날			서해 수호의 날		
음력	8	9	10	11		12	13	14	15
요일	일	월	화	수		목	금	토	일
일진	庚辰 경진	辛巳 신사	壬午 임오	癸未 계미		甲申 갑신	乙酉 을유	丙戌 병술	丁亥 정해
지지형상	용	뱀	말	양	춘분 계미일 오시 12시 6분	원숭이	닭	개	돼지
결혼주당	廚 주	夫 부	姑 고	堂 당		翁 옹	第 제	竈 조	婦 부
이사주당	災 재	安 안	利 이	天 천		害 해	殺 살	富 부	師 사
십이신	除 제	滿 만	平 평	定 정		執 집	破 파	危 위	成 성
안장주당	客 객	父 부	男 남	孫 손		死 사	女 여	母 모	婦 부
구성	五黃 오황	六白 육백	七赤 칠적	八白 팔백		九紫 구자	一白 일백	二黑 이흑	三碧 삼벽
재수 있는 사람과 하면 좋은 일	子、午、未、申、酉 생은 제사、묘사 등 길。	寅、辰、巳、未、申、酉、戌 생은 매사 평길 무난하다。	寅、卯、辰、未、酉 생은 출행、입주、이장 등 길	丑、寅、戌 생은 개토、수리、학술발표 길。		子、丑、辰、未、申、戌 생은 묘사、개업、구직 등 길。	丑、辰、巳、午、申、戌、亥 생은 출행、입주、입학 등 길	子、寅、卯、午、戌、亥 생은 기도、제사、개업 등 길	생은 입주、卯、午、未、申、亥 입학、수리 등 길
재수 없는 사람과 하면 나쁜일	丑、寅、卯、辰、巳、戌、亥 생은 매사 불길。	子、丑、卯、午、亥 생은 건문、개문 등 불길。	子、丑、酉、戌、亥 생은 동토、승선 등 불길。	子、辰、巳、午、申、亥 생은 수리、개업、개문 등 불길。		寅、卯、巳、午、酉、亥 생은 약혼、출행、개업 등 불길。	子、寅、卯、酉、戌 생은 동토、승선、이장 등 불길。	丑、巳、未、酉 생은 안장、이장、약혼 등 불길。	子、辰、巳、酉、戌 생은 재배 불길、투자 주의。
누구나 불길일	이사	결혼				이사	이사		결혼

- 12 -

양력	25	26	27	28	29	30	31
음력	16	17	18	19	20	21	22
요일	월	화	수	목	금	토	일
일진	戊子 무자	己丑 기축	庚寅 경인	辛卯 신묘	壬辰 임진	癸巳 계사	甲午 갑오
지상지형							
결혼주당	廚 주	夫 부	姑 고	堂 당	翁 옹	第 제	竈 조
이사주당	災 재	安 안	利 이	天 천	害 해	殺 살	富 부
십이신	收 수	開 개	閉 폐	建 건	除 제	滿 만	平 평
안장주당	客 객	父 부	男 남	孫 손	死 사	女 녀	母 모
구성	四綠 사록	五黃 오황	六白 육백	七赤 칠적	八白 팔백	九紫 구자	一白 일백
재수 있는 사람과 하면 좋은 일	子、丑、寅、辰、巳、申、戌 생은 동토、입학、수리등 길	子、丑、卯、未、酉 생은 개업、조선、도배등 길。	子、丑、寅、辰、午、戌생은 개업、조선、파토등 길。	丑、寅、卯、巳、未、戌、亥 구직、개업、제사、개업등 길	丑、寅、卯、巳、未、戌、亥 생은 기도、제사、개업등 길	子、丑、卯、未、申、酉생은 출행、입주、접종등 길。	寅、辰、巳、未、申、酉、戌 생은 묘사、이장 등 길。
재수 없는 사람과 하면 나쁜일	卯、午、未、酉、亥 생은 송시、개문 등 불길。	寅、辰、巳、午、申、戌、亥 생은 출행、개문、개업 등 불길。	卯、巳、未、申、酉、亥 생은 매시 불길	子、辰、午、申、酉 가구 들이지 말것、매사불길	子、辰、午、申、酉 생은 동토、승선、이장 등 불길。	寅、辰、巳、午、戌、亥생은 출행、안장、개업 등 불길。	子、丑、卯、午、亥 생은 개문、개업 등 불길
누구나 불길일	이사	결혼			이사	이사	

★ 재미로 보는 이달의 운세

☯ 음력 2월중에 경칩일에 천둥이 치면, 농가에 손실이 있을 것이고, 많은 날씨면 대풍이 들고 춘분일에 비가 내리면 병자가 적고 풍년이 든다. 2월생은 11월생과 결혼하면 불길하다.

2월생은 부모의 덕은 없으나, 객지에서 자수성가하여, 후반기에는 좋은 사주이다.

	보건의날 7		식목일 한식 5		4,3 희생자 추념일 4	3	2	1	양력
	29	28	27		26	25	24	23	음력
갑진년 4월 小	일	토	금	청명 무술일 신시 16시 2분	목	수	화	월	요일
	辛丑 신축	庚子 경자	己亥 기해		戊戌 무술	丁酉 정유	丙申 병신	乙未 을미	일진 지지
	🐂	🐖	🐖		🐕	🐓	🐒	🐏	지형상
	第殺 開 女	翁害 收 死	堂天 成 孫		姑利 危 男	夫安 破 父	廚災 執 客	婦師 定 婦	결혼주당 이사주당 십이신 안장주당
	八 팔백	七 赤 칠적	六 白 육백		五 黃 오황	四 綠 사록	三 碧 삼벽	二 黑 이흑	구성
음력 2월 23일부터 3월 22일까지	子、寅、卯、巳、申、酉生은 개업、입주、혼담 등 길。	子、丑、辰、입학、수리등 길	丑、寅、卯、未、酉、戌生은 상량、개업、기도 등 길。		子、寅、卯、巳、午、戌生은 개점、수리、증축등 길	丑、辰、巳、午、申、戌、亥生은 출행、입주、계약등 길	子、丑、辰、未、申、戌生은 매사 평길、학술발표 대길。	寅、卯、辰、巳、午、申、亥生은 여행、이장、개업등 길	재수 있는 사람과 하면 좋은 일
	丑、辰、午、未、戌、亥生은 백사 불길、취임식 대흉。	卯、午、未、酉、亥生은 송사、개문등 불길。	子、辰、巳、午、申、亥生은 운전주의、차사고 주의。		丑、辰、巳、未、酉 生은 출행、개업、안장 등 불길。	子、寅、酉、戌 生은 동토、승선、상가집 주의。	寅、卯、巳、午、酉、亥生은 매사 불길	子、丑、未、酉、戌 生은 송사 불길	재수 없는 사람과 하면 나쁜 일
	이사		결혼		결혼		이사	결혼	누구나 불길일

				갑진년 3월 小 무진月	국회 의원 선거일	대한민국 임시정부 수립일			
양력	8	9	10	11	12	13	14	15	16
음력	30	3/1	2	3	4	5	6	7	8
요일	월	화	수	목	금	토	일	월	화
일진	壬寅 임인	癸卯 계묘	甲辰 갑진	乙巳 을사	丙午 병오	丁未 정미	戊申 무신	己酉 기유	庚戌 경술
지지 지상	범	토끼	용	뱀	말	양	원숭이	닭	개
결혼주당	竈조	婦부	竈조	第제	翁옹	堂당	姑고	夫부	廚주
이사주당	富부	天천	利이	安안	災재	師사	富부	殺살	害해
십이신	閉폐	建건	建건	除제	滿만	平평	定정	執집	破파
안장주당	母모	母모	女여	死사	孫손	男남	父부	客객	婦부
구성	九紫 구자	一白 일백	二黑 이흑	三碧 삼벽	四綠 사록	五黃 오황	六白 육백	七赤 칠적	八百 팔백
재수 있는 사람과 하면 좋은 일	子、丑、寅、午、未、申、酉、戌、亥 생은 안장、출행、산신기도 등 길	丑、寅、卯、巳、未、戌、亥 생은 기도、제사、개업등 길	子、丑、卯、午、未、申、酉 생은 제사、묘사 등 길	子、丑、卯、未、酉 생은 묘사、이장、상량 등 길.	寅、辰、巳、未、申、酉、戌 생은 기도、약혼、상량 등 길	寅、卯、辰、巳、未、申、戌 생은 묘사、산신기도 등 길	子、丑、辰、未、申、戌 생은 매사 평길、학술발표 대길.	丑、辰、巳、午、未、亥 생은 출행、입주、계약등 길	子、寅、卯、午、申、戌 생은 묘사、기천、안택등 길
재수 없는 사람과 하면 나쁜일	卯、辰、巳、申、酉、亥 생은 안장 불길、금전 거래 주의	子、辰、午、申、酉 생은 매사 불길、운전 주의.	丑、寅、卯、辰、巳、戌、亥 생은 매사 불길.	寅、辰、巳、午、申、亥 생은 매사 불길.	子、丑、未、戌、亥 생은 매사 불길	수리、동토 등 불길	子、丑、巳、午、酉 생은 매사불길、인내로 극복하라	寅、卯、巳、亥생은 매사 불길	子、寅、卯、酉、戌 생은 동토、승선、상가집 주의.	丑、辰、巳、未、酉 생은 매사 불길
누구나 불길일		결혼			이사			결혼 이사	이사

양력	17	18	19		20	21	22	23	24
			4, 19 혁명 기념일		장애인의 날	과학의 날	정보 통신의 날		
음력	9	10	11		12	13	14	15	16
요일	수	목	금		토	일	월	화	수
일진	辛亥 신해	壬子 임자	癸丑 계축		甲寅 갑인	乙卯 을묘	丙辰 병진	丁巳 정사	戊午 무오
지상지형	돼지	쥐	소	곡우 계축일 자시 23시 0분	호랑이	토끼	용	뱀	말
결혼주당	婦부	竈조	第제		翁옹	堂당	姑고	夫부	廚주
이사주당	天천	利리	安안		災재	師사	富부	殺살	害해
십이신	危위	成성	收수		開개	閉폐	建건	除제	滿만
안장주당	母모	女녀	死사		孫손	男남	父부	客객	婦부
구성	九紫 구자	一白 일백	二黑 이흑		三碧 삼벽	四綠 사록	五黃 오황	六白 육백	七赤 칠적
재수 있는 사람과 하면 좋은 일	子、寅、卯、午、申、戌、亥 생은 기도、묘사、개업 등 길	丑、寅、辰、巳、未、酉、戌 생은 상량、개업、기도 등 길.	子、丑、寅、辰、巳、申、戌 생은 제사、출행、개업 등 길.		子、丑、寅、辰、午、戌、亥 생은 이장、여행、계약 등 길	子、丑、寅、卯、巳、未、戌、亥 생은 기도、제사、개업 등 길	子、午、未、申、酉 생은 기도、산신기도 등 길	子、午、未、申、酉 생은 제사、묘사、산신기도 등 길	寅、辰、巳、未、申、酉、戌 생은 기도、수리、상량 등 길
재수 없는 사람과 하면 나쁜 일	丑、辰、巳、未、酉 생은 안장、이장、약혼 등 불길.	子、辰、巳、午、未、申、酉、亥 생은 운전주의、차사고 주의.	卯、午、未、申、亥 생은 동토、승선 등 불길.		卯、巳、未、申、酉 생은 개문、개업、약혼 등 불길.	子、辰、午、申、酉 생은 매사 불길.	丑、寅、卯、辰、巳、戌、亥 생은 매사 불길.	丑、寅、卯、辰、巳、戌、亥 생은 매사 불길.	子、丑、卯、午、亥 생은 이장 안장 등 불길
누구나 불길일	결혼				이사			결혼이사	이사

양력	25	26	27	28	29	30
음력	17	18	19	20	21	22
요일	목	금	토	일	월	화
일진	己未 기미	庚申 경신	辛酉 신유	壬戌 임술	癸亥 계해	甲子 갑자
지지형상						
십이신 안장주당 이사주당 결혼주당	婦天母 부천모	竈利定女 조이정여	第安執死 제안집사	翁災破孫 옹재파손	堂師危男 당사위남	姑富成父 고부성부
구성	八白 팔백	九紫 구자	一白 일백	二黑 이흑	三碧 삼벽	四綠 사록
재수 있는 사람과 하면 좋은 일	寅、卯、辰、巳、午、申、亥 생은 여행、개업、상담등 길	子、丑、辰、未、申、戌 생은 매사 평길、학술발표 대길。	丑、辰、巳、午、未、申、亥 생은 출행、입주、입학등 길	子、寅、卯、午、申、戌、亥 생은 기도、제사 개업 등 길	子、丑、寅、卯、巳、未 묘사、이장 등	丑、寅、卯、巳、未、戌、亥 생은 기도、제사、개업등 길
재수 없는 사람과 히면 나쁜 일	子、丑、未、酉、戌 생은 송사 불길	寅、卯、巳、午、酉、亥생은 매사 불길	子、寅、卯、酉、戌 동토、승선、이장 등 불길	丑、辰、巳、午、未、申、酉、戌、亥 생은 안장、이장、약혼 등 불길	辰、巳、午、申、酉、戌、亥 생은 매사	子、辰、午、申、酉 생은 매사 불길
누구나 불길일	결 혼		이 사	결 혼		

★ 재미로 보는 이달의 운세

☯ 음력 3월 1일에 비 바람이 닥치면 마을 노인이 많이 다치며、청명일에 남풍이 불면 큰 바람이 불고、곡우일에 비가 오면 풍년이 든다。특히 3월생은 12월생과 혼인하면 불길하다。

☯ 3월생은 학업에 인연이 있다。2월생과 3월생은 학자가 많으며 명석한 사람이 많다。

☯ 작명은 왜 필요한가 ?
사람의 운명을 음양 오행으로 정리해 보면 오행이 없는 것이 있어서 없는 오행 때문에 성공을 못하고 큰 병을 얻게 되는 수가 있으므로 그 부족하고 필요한 오행을 가지고 작명하는 것이 필요하리라。 작명은 작명가에게 되므로 작명은 작명가에게 의뢰하면 도움이 되리라。

충무공 이순신 탄신일

법의 날

- 17 -

		근로자의 날			어린이의 날		대체 공휴일			
양력	1	2	3	4	5		6	7		갑진년 5월 大
음력	23	24	25	26	27		28	29		
요일	수	목	금	토	일		월	화		
일진	乙丑 을축	丙寅 병인	丁卯 정묘	戊辰 무진	己巳 기사	입하 기사일 사시 9시 10분	庚午 경오	辛未 신미		
지지상형	소	호랑이	토끼	용	뱀		말	양		
결혼주당 이사주당 십이신 안장주당	夫殺收客 부살수객 開收開客 개수개객	廚害開婦 주해개부 害開婦 해개부	婦天閉母 부천폐모 閉母 폐모	竈利建女 조리건여 建女 건여	第安除死 제안제사 除死 제사		翁災滿孫 옹재만손 滿孫 만손	堂師平男 당사평남 平男 평남		음력 3월 23일부터 4월 24일까지
구성	五黃 오황	六白 육백	七赤 칠적	八白 팔백	九紫 구자		一白 일백	二黑 이흑		
재수 있는 사람과 하면 좋은 일	생은 子、丑、寅、卯、巳、申、酉 하면 묘사、계약、기도 등 길	생은 子、丑、寅、辰、午、戌 이장、여행、계약 등 길	생은 丑、寅、卯、巳、未、戌、亥 출행、입주、접종 등 길	제사、묘사 등 길	생은 子、丑、辰、巳、午、未、申 여행、동토、계약 등 길		생은 寅、卯、辰、巳、午、未、申 출행、입주、이장 등 길	생은 子、丑、卯、辰、수리 등 길		
재수 없는 사람과 하면 나쁜 일	생은 辰、午、未、戌、亥 매사 불길、여행 특히 불길	생은 卯、巳、未、申、酉 개문、개업、약혼 등 불길	생은 子、辰、午、申、酉 동토、승선、이장 등 불길	생은 丑、寅、卯、辰、巳、戌、亥 매사 불길	생은 寅、卯、酉、戌、亥 송사、신축、도적수 불길		생은 子、丑、酉、戌、亥 동토、승선 등 불길	생은 寅、巳、酉、戌、亥 송사 불길		
	누구나 불길일	결혼 이사	결혼		이사		이사			

	부처님 오신날	식품 안전의 날		동학농민혁명기념일	유권자의 날		갑진년 4월小 기사月	
16	15	14	13	12	11	10	9	8	양력
9	8	7	6	5	4	3	2	4/1	음력
목	수	화	월	일	토	금	목	수	요일
庚辰 경진	己卯 기묘	戊寅 무인	丁丑 정축	丙子 병자	乙亥 을해	甲戌 갑술	癸酉 계유	壬申 임신	일진
용	토끼	호랑이	소	쥐	돼지	개	닭	원숭이	지지 지상 지형
婦부 天천 建건 母모	廚주 害해 閉폐 婦부	夫부 殺살 開개 客객	姑고 富부 收수 父부	堂당 師사 成성 男남	翁옹 災재 危위 孫손	第제 安안 破파 死사	竈조 利이 執집 女여	婦부 天천 定정 母모	결혼주당 이사주당 십이신 안장주당
二黑 이흑	一白 일백	九紫 구자	八白 팔백	七赤 칠적	六白 육백	五黃 오황	四綠 사록	三碧 삼벽	구성
子、午、未、申、酉 생은 제사、묘사 등 길。	丑、寅、卯、巳、未、戌、亥 생은 기도、제사、개업등 길	子、寅、卯、辰、午、戌 생은 개업、금전상담、개문 등 길	子、丑、寅、未、酉 생은 개업、조선、도배 등 길。	子、丑、寅、卯、巳、未、戌、亥 생은 기도、제사、개업등 길	丑、寅、卯、巳、午、未、申、戌 생은 묘사、수리、개업 등 길	子、寅、卯、午、未、申、戌、亥 생은 기도、제사、개업 등 길	丑、辰、巳、午、未、申、戌 생은 출행、입주、입학등 길	子、丑、辰、未、申、戌생은 매사 평길、학술발표 대길。	재수 있는 사람과 하면 좋은일
丑、寅、卯、辰、巳、戌、亥 생은 매사 불길	子、辰、午、申、酉 생은 매사 불길、운전 주의。	卯、巳、未、申、酉、亥 생은 매사 불길	寅、辰、巳、午、申、戌、亥 생은 출행、이장 등 불길。	子、辰、午、申、酉 생은 매사 불길。	子、辰、巳、申、亥 생은 안장、출행、약혼 등 불길。	丑、巳、未、酉 생은 안장、이장、약혼 등 불길。	子、寅、卯、酉、戌 생은 동토、승선、이장 등 불길。	寅、卯、巳、午、酉、亥생은 매사 불길。	재수 없는 사람과 하면 나쁜일
결혼	이사	결혼이사		결혼이사				결혼	누구나 불길일

- 19 -

양력	17	18	19	20		21	22	23	24
		5,18민주화운동일	발명의날	성년의날		부부의날			
음력	10	11	12	13	소만 갑신일 해시 22시 0분	14	15	16	17
요일	금	토	일	월		화	수	목	금
일진	辛巳 신사	壬午 임오	癸未 계미	甲申 갑신		乙酉 을유	丙戌 병술	丁亥 정해	戊子 무자
지상지형	🐍	🐎	🐑	🐒		🐓	🐕	🐖	🐀
결혼주당 이사주당 십이신 안장주당	竈조 利이 建건 女여	第제 安안 除제 死사	翁옹 災재 滿만 孫손	堂당 師사 平평 男남		姑고 富부 定정 父부	夫부 殺살 執집 客객	廚주 害해 破파 婦부	婦부 天천 危위 母모
구성	三碧 삼벽	四綠 사록	五黃 오황	六白 육백		七赤 칠적	八白 팔백	九紫 구자	一白 일백
재수 있는 사람과 하면 좋은일	子、丑、卯、未、申、酉생은 개업、조선、매매 등 길。	寅、卯、辰、巳、午、未、申 생은 출행、입주、이장등 길	寅、卯、辰、巳、午、未、申 생은 출행、입주、이장등 길	子、丑、辰、巳、午、未、申 생은 여행、동토、계약 길。		생은 출행、입주、계약등 길 丑、寅、未、酉、戌생은	丑、寅、卯、未 생은 이장、수리、학술발표 등 길	子、丑、寅、卯、未 생은 묘사、이장 등 길。	子、丑、寅、辰、巳、申、戌 생은 동토、입학、수리등 길
재수 없는 사람과 하면 나쁜일	寅、辰、巳、午、戌、亥생은 출행、이장、개업 등 불길。	子、丑、酉、戌、亥 생은 동토、승선 등 불길	子、丑、酉、戌、亥 생은 동토、승선 등 불길	寅、卯、酉、戌、亥 생은 송사、신축、도적수 등 불길		子、寅、卯、酉、戌 생은 동토、승선、상가집 불길。	子、辰、巳、午、申、亥생은 이장、개업、개문 등 불길。	辰、巳、午、申、酉、戌、亥 생은 매사 불길。	卯、午、未、酉、亥 생은 송사、개문、기도 등 불길。
누구나 불길일			이사				결혼 이	결혼 이사	결혼

- 20 -

양력	25	26	27	28	29	30	31 바다의날
음력	18	19	20	21	22	23	24
요일	토	일	월	화	수	목	금
일진	己丑 기축	庚寅 경인	辛卯 신묘	壬辰 임진	癸巳 계사	甲午 갑오	乙未 을미
지상지형	(소)	(호랑이)	(토끼)	(용)	(뱀)	(말)	(양)
결혼주당 이사주당 십이신 안장주당	竈조利이成성女여	第제災재收수死사	翁옹安안開개孫손	堂당師사閉폐男남	姑고富부建건父부	夫부殺살除제客객	廚주害해滿만婦부
구성	二黑 이흑	三碧 삼벽	四綠 사록	五黃 오황	六白 육백	七赤 칠적	八百 팔백
재수 있는 사람과 하면 좋은일	子、午、未、申、酉 생은 제사、묘사、산신기도 등 길	子、丑、寅、辰、午、戌 생은 출행、산신기도、기천 등 길	子、丑、寅、辰、巳、申、戌 생은 제사、출행、개업등 길	子、午、未、申、酉 생은 접종、약혼 등 길.	子、丑、未、申、酉 생은 기도、개업、가옥수리 등 길	子、午、未、申、酉 생은 기도、개업、가옥수리 등 길	寅、辰、巳、未、申、戌생은 기도、제사、수리、상량등길
재수 없는 사람과 하면 나쁜일	丑、寅、卯、辰、巳、戌、亥 생은 매사 불길	卯、巳、未、申、酉、亥생은 매사 불길	卯、午、未、酉、亥 생은 동토、승선 등 불길	丑、寅、卯、辰、巳、戌、亥 생은、연정 관계 주의。	丑、寅、卯、辰、巳、戌、亥 생은 출행、개업、이장 불길	寅、辰、巳、午、申、戌、亥 생은 모든 일이 불길하다。	子、丑、卯、午、酉、亥생은 이장、수리 등 불길。
누구나 불길일		이 사			혼 결사 이	이 사	

★ 재미로 보는 이달의 운세

☯ 음력 4월 입하에 천둥이 치면 노인의 병자가 적으며 농사가 풍년이 든다。 남풍이 불면 노인들의 병자가 많고 서풍이 불면 가축의 피해에 주의하여야 하며 북풍이 불면 해산물이 풍부하다。

4월생은 6월생과 혼인하면 불길하며、 또 고독하며、 부모와의 인연이 없다。

- 21 -

								갑진년 6월 小
				환경의 날			의병의 날	
7	년 대월 갑진5월 경오		5	4	3	2	1	양력
6								
2	5/1		29	28	27	26	25	음력
금	목	망종	수	화	월	일	토	요일
壬寅 임인	辛丑 신축	경자일	庚子 경자	己亥 기해	戊戌 무술	丁酉 정유	丙申 병신	일진 지상
🐅	🐂		🐀	🐖	🐕	🐓	🐒	지형
姑고 利이 收수 男남	夫부 安안 成성 父부	미시 13시 10분	堂당 師사 危위 男남	翁옹 災재 破파 孫손	第제 安안 執집 死사	竈조 利이 定정 女여	婦부 天천 平평 母모	결혼주당 이사주당 십이신 안장주당
六白 육백	五黃 오황		四綠 사록	三碧 삼벽	二黑 이흑	一白 일백	九紫 구자	구성
子、丑、寅、辰、午、戌生은 출행、산신기도、기천 등 길	子、丑、寅、卯、巳、申、酉 생은 제사、가옥수리 등 길		子、丑、寅、辰、巳、戌 생은 계약、동토、입학 등 길	丑、寅、卯、未、申、戌 수리、학술발표、여행 등 길	子、寅、卯、午、申、戌 생은 묘사、기천、안택 등 길	丑、辰、巳、午、未、申、亥 생은 출행、입주、계약 등 길	子、丑、辰、未、申、戌 생은 매사 평길、학술발표 대길。	재수 있는 사람과 하면 좋은 일	음력 4월 25일부터 5월 25일까지
卯、巳、未、申、酉、亥생은 매사 불길	辰、午、未、戌、亥 생은 상가에 가지말 것、매사불길		卯、午、未、酉、亥 생은 송사、개업、개문 등 불길。	子、辰、巳、午、酉、亥생은 개업、개문、약혼 등 불길。	丑、辰、巳、午、未、酉 생은 매사 불길。	子、寅、卯、酉、戌 생은 동토、승선、상가집 주의。	寅、卯、巳、午、酉、亥생은 매사 불길	재수 없는 사람과 하면 나쁜 일	
	결 혼		결 혼 이 사			결 혼	누구나 불길일

양력	8	9	10	11	12	13	14	15	16
		구강보건의날	단오						
음력	3	4	5	6	7	8	9	10	11
요일	토	일	월	화	수	목	금	토	일
일진	癸卯 계묘	甲辰 갑진	乙巳 을사	丙午 병오	丁未 정미	戊申 무신	己酉 기유	庚戌 경술	辛亥 신해
지지형상	토끼	용	뱀	말	양	원숭이	닭	개	돼지
결혼주당	堂당	翁옹	第제	竈조	婦부	廚주	夫부	姑고	堂당
이사주당	天천	害해	殺살	富부	師사	災재	安안	利이	天천
십이신	開개	閉폐	建건	建건	除제	滿만	平평	定정	執집
안장주당	孫손	死사	女여	母모	婦부	客객	父부	男남	孫손
구성	七赤 칠적	八白 팔백	九紫 구자	一白 일백	二黑 이흑	三碧 삼벽	四綠 사록	五黃 오황	六白 육백
재수 있는 사람과 좋은 일	생은 丑、寅、卯、巳、未、戌、亥 접종등 길	子、午、未、申、酉 생은 출행、접종 등 길。	묘사、입주、약혼 등 길。	寅、辰、巳、未、申、酉、戌 생은 기도、제사、수리등 길。	개토、수리、학술발표 길。	子、丑、辰、未、申、戌생은 매사 평길、학술발표 대길。	丑、辰、巳、午、未、申、戌、亥 생은 출행、입학 등 길	子、寅、卯、午、申、戌 생은 기도、제사 개업 등 길	생은 丑、寅、卯、午、未、酉、戌 묘사、수리、개업등 길
새수 없는 사람과 나쁜 일	매사 불길、원행 주의。	생은 丑、寅、辰、巳、戌、亥 연정 관계 주의	동토、이장、출행 등 불길。	子、丑、卯、午、亥 이장 등 불길 。	수리、개업、개문 등 불길。	매사 불길	子、寅、卯、巳、午、酉、戌 亥생은 불길。	동토、승선、이장 등 불길。	子、辰、巳、未、酉 안장、이장、약혼 등 불길。	子、辰、巳、申、亥 안장、출행、약혼 등 불길。
누구나 불길일		이사	이사	결혼		이사	결혼		결혼

	24	23	22	하지 병진일 묘시 5시 51분	21	20	19	18	17	양력
전자정부의날	19	18	17		16	15	14	13	12	음력
	월	일	토		금	목	수	화	월	요일
	己未 기미	戊午 무오	丁巳 정사		丙辰 병진	乙卯 을묘	甲寅 갑인	癸丑 계축	壬子 임자	일진
	양	말	뱀		용	토끼	호랑이	소	쥐	지지 지상형
	堂天除孫 당천제손	姑利建男 고이건남	夫安閉父 부안폐부		廚災開客 주재개객	婦師收婦 부사수부	竈富成母 조부성모	第殺危女 제살위여	翁害破死 옹해파사	결혼주당 이사주당 십이신 안장주당
	五黃 오황	四綠 사록	三碧 삼벽		二黑 이흑	一白 일백	九紫 구자	八白 팔백	七赤 칠적	구성
	丑、寅、卯、未、酉、戌생은 개토、수리、학술발표 길。	丑、寅、卯、未、酉、戌생은 동토、수리、학술발표 등 길	子、丑、未、申、酉생은 묘사、입주、약혼 등 길。		子、午、未、申、酉생은 출행、접종、식목、약혼등길	丑、寅、卯、巳、未、戌、亥생은 기도、개업 등 길。	子、丑、寅、辰、午、戌생은 출행、산신기도、기천 등 길	子、丑、寅、辰、未、酉생은 개업、조선、도배 등 길。	子、丑、寅、辰、巳、申、戌생은 동토、입학、수리등 길	재수 있는 사람과 하면 좋은일
	子、辰、巳、午、申、亥생은 수리、개업、개문 등 불길。	子、辰、巳、午、戌、亥생은 개업、개문、수리 등 불길。	寅、辰、巳、午、戌、亥생은 동토、이장、출행 등 불길。		丑、寅、卯、辰、巳、戌、亥생은 안장 불길、연인 주의	子、辰、午、申、酉생은 메사 불길、운전 주의	卯、巳、未、申、酉、亥생은 매사 불길	寅、辰、巳、午、申、戌、亥생은 출행、개업 등 불길。	卯、午、未、酉、亥생은 송사、개문 등 불길	재수 없는 사람과 하면 나뿐일
			결혼		이사	결혼		이사	이사	누구나 불길일

양력	25	26	27	28	29	30
	6,25 전쟁일	마약 퇴치의 날		철도의 날		
음력	20	21	22	23	24	25
요일	화	수	목	금	토	일
일진	庚申 경신	辛酉 신유	壬戌 임술	癸亥 계해	甲子 갑자	乙丑 을축
지상지형						
결혼주당	翁옹	第제	竈조	婦부	廚주	夫부
이사주당	害해	殺살	富부	師사	災재	安안
십이신	滿만	平평	定정	執집	破파	危위
안장주당	死사	女여	母모	婦부	客객	父부
구성	六白 육백	七赤 칠적	八百 팔백	九紫 구자	九紫 구자	八百 팔백
재수 있는 사람과 하면 좋은일	子、丑、辰、未、申、戌생은 묘사、개업、구직 등 길。	丑、辰、巳、午、未、申、戌생은 출행、입주、계약 등 길	子、寅、卯、午、未、申、戌생은 개점、수리、증축 등 길	丑、寅、辰、巳、申、戌생은 입주、입학、수리등 길	子、丑、寅、辰、巳、申、戌생은 동토、입학、수리등 길	제사、子、午、묘사、未、申、酉산신기도 등 길
재수 없는 사람과 하면 나쁜일	寅、卯、巳、午、酉、亥생은 약혼、출행、개업 등 불길。	子、寅、卯、酉、戌생은 동토、승선、상가집 주의。	丑、辰、巳、未、酉、戌생은 출행、개업、안장 등 불길。	子、辰、巳、酉、戌생은 재배 불길、투자 주의	卯、午、未、酉、亥생은 송사、개문 등 불길	丑、寅、卯、辰、巳、戌、亥생은 매사 불길。
누구나 불길일	이사	이사		결혼	이사	결혼

★ 재미로 보는 이달의 운세

◉ 음력 5월 단오일에 비가 내리면 풍년이 들며, 망종과 하지일에 붉은 구름이 있으면 안질이 많다. 5월생은 2월생과 결혼하면 불길하다. 5월생은 학자로 진출하면 출세한다. 특히 발명가나 교직자가 적합한 직업이니 선택하면 길하리라.

◉ 매년 신수는 왜 보는 것이 좋은가?
사람의 운명은 천지 만물의 회전하는 이치와 같이 돌고 도는 것이 운명이므로 길한 운일 때 더 노력하고 나쁜 운일 때 주의하여 노력한다면 실패와 성공의 차이점이 있을 것이므로 미리 운의 길흉을 점쳐 보는 것이 필요한 것이리라.

갑진년 7월 大	양력	1	2	3	4	5	6	7
	음력	26	27	28	29	30	6/1	7/2
	요일	월	화	수	목	금	토	일
	일진	丙寅 병인	丁卯 정묘	戊辰 무진	己巳 기사	庚午 경오	辛未 신미	壬申 임신
	지지형상	호랑이	토끼	용	뱀	말	양	원숭이
	결혼주당 이사주당 십이신 안장주당	姑고 利리 成성 男남	堂당 天천 收수 孫손	翁옹 害해 開개 死사	第제 殺살 閉폐 女여	竈조 富부 建건 母모	婦부 天천 除제 母모	竈조 利리 滿만 女여
	구성	七赤 칠적	六白 육백	五黃 오황	四綠 사록	三碧 삼벽	二黑 이흑	一白 일백
음력 5월 26일부터 6월 26일까지	재수 있는 사람과 하면 좋은 일	子、丑、寅、辰、午、戌、亥 생은 이장、여행、계약등 길	丑、寅、卯、巳、未、戌、亥 생은 기도、제사、개업등 길	子、午、未、申、酉 생은 출행、접종、식목、약혼등길	子、丑、辰、巳、午、申、酉、戌 생은 여행、동토、계약등 길	寅、辰、巳、未、申、酉、戌 생은 기도、제사、상량등 길	寅、卯、辰、巳、午、申、亥 생은 여행、개업、상담등 길	子、丑、辰、午、未、申、亥 생은 매사 평길、취임식대길
	재수 없는 사람과 하면 나쁜일	卯、巳、未、申、酉 생은 개문、개업、약혼 등 불길.	子、辰、午、申、酉 생은 매사 불길、운전 주의.	丑、寅、卯、辰、巳、戌、亥 생은 안장 불길、연인 주의.	寅、卯、酉、戌、亥 생은 송사、신축、도적수 불길.	子、丑、卯、午、亥 생은 이사 등 이전 불길.	子、丑、未、酉、戌 생은 송사 불길.	寅、卯、巳、酉、戌 생은 매사 불길、시험운 대흉.
누구나 불길일				이사	이사		결혼	

갑진년 6월 小 신미月

소서 신미일 자시 23시 20분

				정보보호의 날	인구의 날			초복	
양력	8	9	10	11	12	13	14	15	16
음력	3	4	5	6	7	8	9	10	11
요일	월	화	수	목	금	토	일	월	화
일진	癸酉 계유	甲戌 갑술	乙亥 을해	丙子 병자	丁丑 정축	戊寅 무인	己卯 기묘	庚辰 경진	辛巳 신사
지지상형	닭	개	돼지	쥐	소	호랑이	토끼	용	뱀
결혼주당 이사주당 십이신 안장주당	第안死사	第안平정死사	翁옹災재定정孫손	堂당師사執집男남	姑고富부破파父부	夫부殺살危위客객	廚주害해成성婦부	竈조利이開개女여	竈조利이開개女여(辛巳): 第안閉폐死사
구성	九紫 구자	八白 팔백	七赤 칠적	六白 육백	五黃 오황	四綠 사록	三碧 삼벽	二黑 이흑	一白 일백
재수 있는 사람과 하면 좋은일	생은 출행、입주、계약등 길	생은 기도、묘사、개업등 길	子、寅、卯、未、酉、戌생은 기도등 길	子、丑、寅、辰、巳、申、戌생은 계약、동토、입학등 길	子、丑、未、申、酉생은 산신기도、기천등 길	出行、산신기도、제사、개업등 길	생은 기도、여행、개축등 길	子、午、未、申、酉생은 기도、여행、개축등 길	개업、조선、매매 등 길。
재수 없는 사람과 하면 나쁜일	子、寅、卯、酉、戌생은 동토、승선、상가집 불길。	丑、辰、巳、午、未、申、酉생은 안장、이장、약혼 등 불길。	子、辰、巳、申、亥생은 운전주의、차사고 주의	卯、午、未、酉、亥생은 송사、개문 등 불길。	丑、寅、卯、辰、巳、戌、亥생은 매사 불길	卯、巳、未、申、酉생은 매사 불길	子、辰、午、申、酉생은 매사 불길、운전 주의	丑、寅、卯、巳、戌생은 송사、개업 등 불길	寅、辰、巳、午、戌、亥생은 출행、이장、개업 등 불길。
누구나 불길일		이사	결혼		결혼이사	이사	결혼		

양력	17	18	19	20	21	22		23	24
	제헌절								
음력	12	13	14	15	16	17	대서	18	19
요일	수	목	금	토	일	월	정해일	화	수
일진	壬午 임오	癸未 계미	甲申 갑신	乙酉 을유	丙戌 병술	丁亥 정해	신시 16시 44분	戊子 무자	己丑 기축
지지형상									
결혼주당 이사주당 십이신 안장주당	翁옹 災재 建건 孫손	堂당 師사 建건 男남	姑고 富부 除제 父부	夫부 殺살 滿만 客객	廚주 害해 平평 婦부	婦부 天천 定정 母모		竈조 利이 執집 女여	第제 安안 破파 死사
구성	九紫 구자	八白 팔백	七赤 칠적	六白 육백	五黃 오황	四綠 사록		三碧 삼벽	二黑 이흑
재수 있는 사람과 하면 좋은 일	寅、辰、巳、未、申、戌 생은 기도、제사、수리 등 길。	丑、寅、卯、未、酉、戌생은 개토、수리、학술발표 길。	子、丑、辰、巳、午、未、申 생은 여행、동토、계약 길。	丑、午、未、申、戌、亥 생은 출행、입주、입학 등 길	子、寅、卯、午、未、申、戌、亥 생은 개점、수리、증축 등 길	丑、寅、卯、午、未、申、戌、亥 생은 입주、입학、수리 등 길		子、辰、午、申、酉 생은 기도、제사、개업 등 길	子、午、묘사、未、申、酉 생은 제사、묘사、산신기도 등 길
재수 없는 사람과 하면 나쁜 일	子、丑、卯、午、酉、亥 생은 이장、약혼 등 불길。	子、辰、巳、午、申、亥 생은 수리、개업、개문 등 불길。	寅、卯、酉、戌、亥 생은 송사、신축、도적수 등 불길	子、寅、卯、酉、戌 생은 동토、승선、이장 등 불길	丑、辰、巳、未、酉 생은 출행、개업、안장 등 불길。	子、辰、巳、酉、戌 생은 재배 불길、투자 주의。		子、辰、午、申、酉 생은 매사 불길。	丑、寅、卯、辰、巳、戌、亥 생은 매사 불길。
누구나 불길일	이사			결혼 이사	이사	결혼			

양력	25	26	27	28	29	30	31
음력	20	21	22	23	24	25	26
요일	목	금	토	일	월	화	수
일진	庚寅 경인	辛卯 신묘	壬辰 임진	癸巳 계사	甲午 갑오	乙未 을미	丙申 병신
지상지형	범	토끼	용	뱀	말	양	원숭이
결혼주당	翁옹	堂당	姑고	夫부	廚주	婦부	竈조
이사주당	災재	師사	富부	殺살	害해	天천	利이
십이신	危위	成성	收수	開개	閉폐	建건	除제
안장주당	孫손	男남	父부	客객	婦부	母모	女여
구성	一白 일백	九紫 구자	八白 팔백	七赤 칠적	六白 육백	五黃 오황	四綠 사록
재수 있는 사람과 하면 좋은일	子、丑、寅、午、未、戌生은 안장、출행、산신기도 등 길	丑、寅、卯、巳、未、戌、亥 생은 출행、입주、접종등 길	子、午、未、酉 기도、여행、개축 등 길	子、丑、卯、未、酉 묘사、이장、증축 등 길.	寅、辰、巳、未、申、戌 생은 묘사、이장 등 길。	寅、卯、辰、午、未、申、亥 약혼、여행、개업、이장등길	子、丑、辰、申、亥 생은 매사 평길、취임식대길
재수 없는 사람과 하면 나뿐일	卯、辰、巳、申、酉、亥생은 안장 불길、금전 거래 주의	子、辰、午、申、酉 동토、승선、이장등 불길.	丑、寅、卯、辰、巳、戌、亥 생은 송사、개업 등 불길.	寅、卯、巳、午、申、戌、亥 생은 운전주의 매사 불길.	子、丑、卯、午、亥 개문、개업 등 불길.	子、丑、巳、酉、戌생은 매사 불길。	寅、卯、巳、未、酉、戌 생은 매사 불길、시험운 대흉
누구나 불길일	이사		결혼사	이사	결혼		

중복

★ 재미로 보는 이달의 운세

☯ 음력 6월 삼복이 너무 더우면 오곡이 여물지 않으며 겨울에 눈이 많이 오면 대서일에 청명하여도 겨울에 바람이 많다。중복일에 보약을 복용하면 약효가 특효하다。6월생은 풍파가 많으며 평생 의식주는 넉넉하며 기술직이 좋다。

갑진년
7월 大
임신月

	7	6	5	4	3	2	1	양력	갑진년 8월 大
	4	3	2	7/1	29	28	27	음력	
	수	화	월	일	토	금	목	요일	
입추 계묘일 사시 9시 9분	癸卯 계묘	壬寅 임인	辛丑 신축	庚子 경자	己亥 기해	戊戌 무술	丁酉 정유	일진 지지형상	음력 7월 27일부터 7월 28일까지
	翁害 옹해 成성 死사	堂天 당천 危위 孫손	姑利 고리 破파 男남	夫安 부안 執집 父부	堂師 당사 定정 男남	翁災 옹재 平평 孫손	第安 제안 滿만 死사	결혼주당 이사주당 십이신 안장주당	
	六白 육백	七赤 칠적	八白 팔백	九紫 구자	一白 일백	二黑 이흑	三碧 삼벽	구성	
	생은 丑、寅、卯、巳、未、戌、亥 제사、개업등 길	출행、산신기도、기천 등 길 子、丑、寅、辰、午、戌생은	생은 제사、입학、수리등 길 子、丑、寅、辰、申、酉	생은 계약、동토、입학등 길 子、丑、寅、辰、巳、申	생은 기도、묘사、개업등 길 子、寅、卯、午、申、戌、亥	생은 기도、제사、개업등 길 子、寅、卯、午、申、戌、亥	생은 출행、입주、계약등 길 丑、辰、巳、午、未、申、亥	재수 있는 사람과 하면 좋은 일	
	매사 불길 子、辰、午、申、酉생은 운전 주의	매사 불길 卯、巳、未、申、酉생은	상가에 가지 말것、매사불길 辰、午、未、戌、亥생은	송사、개문 등 불길 卯、午、未、酉、亥생은	안장、이장、약혼 등 불길 丑、辰、巳、未、酉생은	안장、이장、약혼 등 불길 丑、辰、巳、未、酉생은	동토、승선、상가집 불길 子、寅、卯、酉、戌생은	재수 없는 사람과 하면 나쁜일	
	이사		결혼		결혼	결혼	이사		누구나 불길일

		광복절	말복			칠석		섬의날	
16	15	14	13	12	11	10	9	8	양력
13	12	11	10	9	8	7	6	5	음력
금	목	수	화	월	일	토	금	목	요일
壬子 임자	辛亥 신해	庚戌 경술	己酉 기유	戊申 무신	丁未 정미	丙午 병오	乙巳 을사	甲辰 갑진	일진
쥐	돼지	개	닭	원숭이	양	말	뱀	용	지형지상
第殺 제살	翁害 옹해	堂天 당천	姑利 고이	夫安 부안	廚災 주재	婦師 부사	竈富 조부	第殺 제살	결혼주당
定 정	平 평	滿 만	除 제	建 건	建 건	閉 폐	開 개	收 수	이사주당 십이신
女 여	死 사	孫 손	男 남	父 부	客 객	婦 부	母 모	女 여	안장주당
六白 육백	七赤 칠적	八白 팔백	九紫 구자	一白 일백	二黑 이흑	三碧 삼벽	四綠 사록	五黃 오황	구성
생은 子、丑、寅、辰、입학、수리등 길 戌	생은 丑、寅、卯、午、입주、입학、수리등 길 戌	생은 子、寅、卯、午、申、개점、수리、증축등 길 亥	생은 丑、辰、巳、午、未、申、입주、계약등 길 亥	생은 子、辰、巳、午、未、여행、동토、계약 길。	생은 寅、卯、辰、巳、午、未、申、출행、입주、이장등 길	생은 寅、辰、巳、未、申、酉、戌 기도、안택、제사、상량등 길	생은 子、丑、卯、未、酉、기도、안택、가옥수리 등 길	생은 子、午、未、申、酉 제사、묘사 등 길。	재수 있는 사람과 하면 좋은일
송사、개문 등 불길。 卯、午、未、酉、亥	재배 불길、투자 주의 생은 子、辰、巳、酉、戌	출행、개업、안장 등 불길。 丑、辰、巳、未、酉 생은	동토、승선、상가집 불길。 子、寅、卯、酉、戌 생은	송사、신축、도적수 등 불길 寅、酉、戌、亥 생은	동토、승선 등 불길。 子、丑、酉、戌、亥 생은	이사 등 이전 불길。 子、丑、卯、午、亥 생은	생은 모든 일이 불길。 寅、辰、巳、午、申、戌、亥	생은 매사 불길。 丑、寅、卯、辰、巳、戌、亥	재수 없는 사람과 하면 나쁜일
이사	결혼 이사			결혼	이사	결혼		이사	누구나 불길일

양력	17	18	19	20	21	22	처서 무오일 자시 23시 55분	23	24
음력	14	15	16	17	18	19		20	21
요일	토	일	월	화	수	목		금	토
일진	癸丑 계축	甲寅 갑인	乙卯 을묘	丙辰 병진	丁巳 정사	戊午 무오		己未 기미	庚申 경신
지지형상	🐂	🐅	🐇	🐉	🐍	🐎		🐑	🐒
결혼주당	竈조부	婦부사	廚주재	夫부안	姑고이	堂당천		翁옹해	第제살
이사주당	富富	師師	災災	安安	利利	天天		害害	殺殺
십이신	執집	破파	危위	成성	收수	開개		閉폐	建건
안장주당	母모	婦부	客객	父부	男남	孫손		死사	女여
구성	五黃 오황	四綠 사록	三碧 삼벽	二黑 이흑	一白 일백	九紫 구자		八白 팔백	七赤 칠적
재수 있는 사람과 하면 좋은 일	제사、묘사、산신기도 등 子、午、未、申、酉 생은 길	개업、금전상담、개문 등 子、丑、寅、辰、午、戌 생은 길	생은 기도 개업등 丑、寅、卯、巳、未、戌、亥 생은 길	기도、제사、계약、입문 등 子、午、未、申、酉 생은 길	제사、묘사、산신기도、상량 등 子、午、未、申、酉 생은 길	생은 기도、수리、상량 등 寅、辰、巳、未、申、酉、戌 생은 길		개토、수리、학술발표 길。 丑、寅、卯、未、酉、戌 생은	묘사、개업、구직 등 길。 子、丑、辰、未、申、戌 생은
재수 없는 사람과 하면 나쁜일	생은 매사 불길。 丑、寅、卯、辰、巳、戌、亥	매사 불길。 卯、巳、未、申、酉、亥 생은	매사 불길。 子、辰、午、申、酉 생은	생은 출행、개업、이장 불길 丑、寅、卯、辰、巳、戌、亥	생은 매사 불길 丑、寅、卯、辰、巳、戌、亥	이장 안장 등 불길 子、丑、卯、午、亥 생은。		수리、개업、개문 등 불길。 子、辰、巳、午、申、亥 생은	약혼、출행、개업 등 불길。 寅、卯、巳、午、酉、亥 생은
	누구나 불길일	결혼	이사		결혼			이사	이사

양력	25	26	27	28	29	30	31
음력	22	23	24	25	26	27	28
요일	일	월	화	수	목	금	토
일진	辛酉 신유	壬戌 임술	癸亥 계해	甲子 갑자	乙丑 을축	丙寅 병인	丁卯 정묘
지지형상	닭	개	돼지	쥐	소	호랑이	토끼
결혼주당 이사주당 집이신 안장주당	竈 조 富 부 除 제 母 모	婦 부 師 사 滿 만 婦 부	廚 주 災 재 平 평 客 객	夫 부 安 안 定 정 父 부	姑 고 利 이 執 집 男 남	堂 당 天 천 破 파 孫 손	翁 옹 害 해 危 위 死 사
구성	六白 육백	五黃 오황	四綠 사록	三碧 삼벽	二黑 이흑	一白 일백	九紫 구자
재수 있는 사람과 하면 좋은일	丑、辰、巳、午、未、申、亥 생은 출행、입주、입학등 길	子、寅、卯、午、申、戌、亥 생은 기도、제사、개업등 길	子、寅、卯、午、戌、亥 생은 기도、개업등 길	子、丑、寅、辰、巳、申、戌 생은 묘사、안택、기도등 길	子、丑、寅、辰、未、戌 생은 제사、출행、개업등 길	子、丑、寅、辰、午、戌생은 개업、조선、도배 등 길。	子、丑、寅、卯、巳、午、戌、亥생은 개업、금전상담、개문 등 길	丑、寅、卯、巳、未、戌、亥생은 기도、제사、개업등 길
재수 없는 사람과 하면 나쁜일	子、寅、卯、酉、戌 생은 동토、승선、이장 등 불길。	丑、辰、巳、未、酉 생은 안장、이장、약혼 등 불길。	丑、辰、巳、未、酉 매사 불길。	卯、午、未、酉、亥 생은 동토、승선 등 불길。	寅、辰、巳、午、申、戌、亥 생은 동토、출행、개업 등 불길。	卯、巳、未、申、酉、亥 매사 불길	子、辰、午、申、酉 생은 매사 불길
누구나 불길일			결 혼	결 혼	결 혼이사	결 혼	이 사

★ 재미로 보는 이달의 운세

☯ 음력 7월 입추일에 비가 오면 풍년, 동풍이 불면 7월생은 질병주의、남풍이 불면 寅생은 교통사고 주의、서풍이 불면 큰 비로 홍수 우려。처서일에 비가 오면 처서일 출생자는 장수하고 농사는 풍년이다。7월생은 4월생과 혼인하면 불길하다。7월생은 신을 믿으면 길하다。

- 33 -

갑진년 9월 小

음력 7월 29일부터 8월 28일까지

갑진년 8월 大 계유월

백로 갑술일 오시 12시 11분

사회복지의 날: 7

	7	6	5	4	3	2	1	양력
	5	4	3	2	8/1	30	29	음력
	토	금	목	수	화	월	일	요일
	甲戌 갑술	癸酉 계유	壬申 임신	辛未 신미	庚午 경오	己巳 기사	戊辰 무진	일진
	개	닭	원숭이	양	말	뱀	용	지지형상
	第殺 제살	翁害 옹해	堂天 당천	姑利 고이	夫安 부안	竈富 조부	第殺 제살	결혼주당
	滿 만	除 제	建 건	閉 폐	開 개	收 수	成 성	이사주당 십이신
	女 여	死 사	孫 손	男 남	父 부	母 모	女 여	안장주당
	二黑 이흑	三碧 삼벽	四綠 사록	五黃 오황	六白 육백	七赤 칠적	八白 팔백	구성

재수 있는 사람과 하면 좋은일: 子、午、未、申、酉 생은 제사、묘사 등 길。

재수 없는 사람과 하면 나쁜일: 丑、寅、卯、辰、巳、戌、亥 생은 매사 불길。

누구나 불길일: 이사

甲戌	癸酉	壬申	辛未	庚午	己巳	戊辰
丑、寅、卯、未、酉、戌생은 이장、수리、학술발표 등 길	丑、辰、巳、午、未、申、亥 생은 출행、분묘、개업등 길	子、丑、辰、未、戌생은 매사 평길、학술발표 대길。	寅、辰、巳、未、申、戌생은 기도、제사、수리、상량등 길	寅、辰、巳、未、申、酉、戌 생은 기도、제사、수리 등 길	子、丑、卯、未、酉 생은 기도、안택、가옥수리 등 길。	丑、寅、卯、辰、巳、戌、亥 생은 매사 불길。
子、辰、巳、午、申、亥 생은 이장、개업、개문 등 불길。	子、寅、卯、酉、戌 생은 안장、원행 등 불길。	寅、卯、巳、午、酉、亥생은 매사 불길	子、丑、卯、午、酉、亥생은 이장、수리 등 불길	子、丑、卯、午、亥 생은 이장 등 불길	寅、辰、巳、午、申、戌、亥 생은 모든 일이 불길。	丑、寅、卯、辰、巳、戌、亥 생은 매사 불길。
이사	이사		결혼		이사	누구나 불길일

	8	9	10	11	12	13	14	15	16
양력	8	9	10	11	12	13	14	15	16
			해양 경찰의 날						추석 연휴
음력	6	7	8	9	10	11	12	13	14
요일	일	월	화	수	목	금	토	일	월
일진	乙亥 을해	丙子 병자	丁丑 정축	戊寅 무인	己卯 기묘	庚辰 경진	辛巳 신사	壬午 임오	癸未 계미
지지 형상	돼지	쥐	소	호랑이	토끼	용	뱀	말	양
결혼주당 이사주당 십이신 안장주당	竈조 富부 平평 母모	婦부 師사 定정 婦부	廚주 災재 執집 客객	夫부 安안 破파 父부	姑고 利이 危위 男남	堂당 天천 成성 孫손	翁옹 害해 收수 死사	第제 殺살 開개 女여	竈조 富부 閉폐 母모
구성	一白 일백	九紫 구자	八百 팔백	七赤 칠적	六白 육백	五黃 오황	四綠 사록	三碧 삼벽	二黑 이흑
재수 있는 사람과 하면 좋은 일	丑、寅、卯、未、酉、戌생은 상량、개업、기도 등 길。	子、丑、寅、卯、巳、申、戌 생은 동토、입학、수리등 길。	子、丑、寅、卯、巳、申、酉 생은 제사、가옥 수리 등 길	子、丑、寅、辰、午、戌생은 출행、산신기도、기천 등 길	丑、寅、卯、巳、未、戌、亥 생은 기도、제사、개업등 길	子、丑、卯、未、酉 생은 제사、묘사 등 길 。	子、丑、卯、未、酉、戌 생은 묘사、이장、상량 등 길。	寅、辰、巳、未、申、酉、戌 생은 묘사、이장 등 길。	寅、卯、辰、巳、午、未、申 생은 출행、입주、이장등 길
재수 없는 사람과 하면 나쁜일	子、辰、巳、午、申、亥생은 운전주의、차사고 주의。	卯、午、未、酉、亥 생은 송사、개문 등 불길。	辰、午、未、戌、亥 생은 상가에 가지말 것、매사 불길	卯、巳、未、申、酉、亥 생은 송사、이장、개업 등 불길。	子、辰、午、申、酉 생은 매사 불길、운전 주의。	丑、寅、卯、辰、巳、戌、亥 생은 매사 불길	寅、辰、巳、午、申、戌、亥 생은 매사 불길 。	子、丑、卯、午、亥 생은 개문、개업 등 길。	子、丑、酉、戌、亥 생은 동토、승선 등 불길。
누구나 불길일	결혼	결혼	이사	결혼			이사	이사	

양력	17	18	19	20	21	22		23	24
				청년의 날		추석 연휴			
음력	15	16	17	18	19	20	추분	21	22
요일	화	수	목	금	토	일		월	화
일진	甲申 갑신	乙酉 을유	丙戌 병술	丁亥 정해	戊子 무자	己丑 기축	기축일	庚寅 경인	辛卯 신묘
지상 지형	(원숭이)	(닭)	(개)	(돼지)	(쥐)	(소)	해시	(호랑이)	(토끼)
결혼주당 이사주당 십이신 안장주당	婦부 師사 建건 婦부	廚주 災재 建건 客객	夫부 安안 除제 父부	姑고 利리 滿만 男남	堂당 天천 平평 孫손	翁옹 害해 定정 死사	21시 44분	第제 殺살 執집 女여	竈조 富부 破파 母모
구성	一 白 일백	九 紫 구자	八 白 팔백	七 赤 칠적	六 白 육백	五 黃 오황		四 綠 사록	三 碧 삼벽
재수 있는 사람과 하면 좋은일	子、丑、辰、未、申、戌生은 매사 평길、학술발표 대길。	子、丑、辰、未、申、戌生은 매사 평길、학술발표 대길。	子、丑、辰、午、未、申、戌生은 매사 평길、취임식대길	丑、辰、巳、午、未、申、亥生은 개업등 길	子、寅、卯、午、申、戌、亥生은 개업、분묘、증축등 길。	子、丑、寅、卯、未、酉生은 개업、조선、도배등 길。		子、丑、寅、辰、午、戌生은 개업、금전상담、개문등 길	子、寅、卯、巳、未、戌、亥生은 출행、입주、접종등 길
재수 없는 사람과 하면 나뿐일	寅、卯、巳、午、酉、亥生은 매사 불길。	寅、卯、巳、午、酉、亥生은 매사 불길。	寅、卯、酉、戌生은 매사 불길、시험운 대흉。	子、寅、卯、酉、戌生은 매사 불길	丑、辰、巳、午、未、酉生은 여행、개업、신축등 불길。	寅、辰、巳、午、未、申、戌生은 출행、이장、개업 불길		卯、巳、未、申、酉、亥生은 매사 불길	子、辰、午、申、酉、生은 동토、승선、이장등 불길。
누구나 불길일	결혼	이사	결혼	결혼		이사		이사	

양력	25	26	27	28	29	30
음력	23	24	25	26	27	28
요일	수	목	금	토	일	월
일진	壬辰 임진	癸巳 계사	甲午 갑오	乙未 을미	丙申 병신	丁酉 정유
지상지형	용	뱀	말	양	원숭이	닭
결혼주당	婦부사	廚주재	夫부안	姑고이	堂당천	翁옹해
이사주당	師위	災성	安收	利開	天閉	害建
십이신	危婦	成客	收父	開男	閉孫	建死
안장주당	婦	客	父	男	孫	死
구성	二黑 이흑	一白 일백	九紫 구자	八白 팔백	七赤 칠적	六白 육백
재수 있는 사람과 하면 좋은일	子、午、未、申、酉 생은 기도、여행、개축 등 길。	子、丑、卯、未、申、酉생은 묘사、입주、이장、약혼등길	寅、辰、巳、未、申、酉 생은 기도、제사、수리등 길	寅、卯、辰、巳、午、申、戌생은 여행、개업、상담등 길	子、丑、巳、午、未、申、亥 생은 묘사、개업、구직 등 길。	丑、辰、巳、午、未、申、亥 생은 출행、입주、계약등 길
재수 없는 사람과 하면 나쁜일	丑、寅、卯、辰、巳、戌、亥 생은 송사、개업 등 불길。	寅、辰、巳、午、戌、亥생은 동토、이장、출행 등 불길。	子、丑、卯、午、亥 생은 이장 등 불길	子、丑、未、酉、戌 생은 송사 불길。	寅、卯、巳、午、酉、亥생은 약혼、출행、개업 등 불길。	子、寅、卯、酉、戌 생은 동토、승선、상가집 불길。
누구나 불길일	결 혼	이 사		결 혼		이 사

★ 재미로 보는 이달의 운세

◉ 음력 8월 15일 추석날에 비가 오면 만물이 풍성하고, 흰 구름이 뜨면 대풍이며, 동풍이 불면 사람이 편하다. 8월에 출생한 여자는 인내심을 기르고, 남자는 평생동안 고집을 주의하라。

◉ 8월생은 5월생과 결혼하면 불길하다。

● 결혼 택일은 왜 하여야 하는가? 사람마다 자기에게 좋은 날이 있고、 나쁜 날이 있다. 나쁜날 결혼하면 좋을 것이 없을 것이고 좋은날 혼인식을 하면 손해 볼 일도 없다. 또한 부모의 나쁜날 자식이 혼인하여 부모와 같이 식장에 참석하는 것도 부모에게 도움이 되지 않으므로 혼인날은 반드시 좋은 날을 택하여야 한다。

- 37 -

	국군의 날	노인의 날	갑진년 9월小月 갑술	세계 한인의 날		재향 군인의 날			
양력	1	2	3	4	5	6	7	8	갑진년 10월 大
음력	29	30	9/1	2	3	4	5	6	
요일	화	수	목	금	토	일	월	화	
일진	戊戌 무술	己亥 기해	庚子 경자	辛丑 신축	壬寅 임인	癸卯 계묘	甲辰 갑진	乙巳 을사	
지지형상	개	돼지	쥐	소	호랑이	토끼	용	뱀	
결혼주당	第제	竈조	婦부	竈조	第제	翁옹	堂당	姑고	음력 8월 29일부터 9월 29일까지
이사주당	殺살	富부	天천	利리	安안	災재	師사	富부	
십 이 신	除제	滿만	平평	定정	執집	破파	危위	成성	
안장주당	女여	母모	母모	女여	死사	孫손	男남	父부	
구 성	五黃 오황	四綠 사록	三碧 삼벽	二黑 이흑	一白 일백	九紫 구자	八白 팔백	七赤 칠적	
재수 있는 사람과 하면 좋은 일	子、寅、卯、午、申、酉、戌、亥 생은 기도、제사 개업 등 길	丑、寅、卯、午、未、酉、戌 생은 묘사、수리、개업등 길	子、丑、寅、卯、辰、巳、申、戌 생은 동토、입학、수리등 길	子、丑、寅、卯、辰、巳、午、酉 생은 제사、입학、수리등 길	子、丑、寅、辰、未、戌、亥 생은 산신기도、기천 등 길	丑、寅、卯、巳、未、申、酉 생은 출행、입주、접종등 길	子、午、未、申、酉、戌、 생은 기도、제사、계약、입문 길	子、丑、卯、未、酉 생은 묘사、이장、증축 등 길。	
재수 없는 사람과 하면 나쁜 일	丑、辰、巳、未、酉 생은 안장、이장、약혼 등 불길。	子、辰、巳、申、亥 생은 안장、출행、약혼 등 불길。	卯、午、未、戌、亥 생은 송사、개문 등 불길。	辰、午、未、戌、亥 생은 상가에 가지 말것、매사 불길	卯、巳、未、申、亥 생은 매사 불길	子、辰、午、申、酉 생은 동토、승선、이장 등 불길	丑、寅、卯、辰、巳、戌、亥 생은 출행、개업、이장 불길	寅、辰、巳、午、申、戌、亥 생은 운전주의 매사 불길。	
누구나 불길일	이사	결혼	결혼		이사				

			한글날	임산부의날			체육의날		
양력	9	10	11	12	13	14	15	16	한로 을사일 인시 4시 0분
음력	7	8	9	10	11	12	13	14	
요일	수	목	금	토	일	월	화	수	
일진	丙午 병오	丁未 정미	戊申 무신	己酉 기유	庚戌 경술	辛亥 신해	壬子 임자	癸丑 계축	
지지형상	말	양	원숭이	닭	개	돼지	쥐	소	
결혼주당	夫부	廚주	婦부	竈조	第제	翁옹	堂당	姑고	
이사주당	殺살	害해	天천	利이	安안	災재	師사	富부	
십이신	收수	開개	閉폐	建건	建건	除제	滿만	平평	
안장주당	客객	婦부	母모	女여	死사	孫손	男남	父부	
구성	六白 육백	五黃 오황	四綠 사록	三碧 삼벽	二黑 이흑	一白 일백	九紫 구자	八百 팔백	
재수 있는 사람과 하면 좋은 일	寅、卯、辰、巳、午、未、申 생은 출행、입주、이장등 길	子、丑、辰、未、申、戌 생은 매사 평길、학술발표 대길。	丑、辰、巳、午、未、申、亥 생은 출행、입주、계약등 길	丑、辰、巳、午、未、戌 생은 출행、입주、계약등 길	子、寅、卯、辰、午、未、戌 생은 기천、산신기도 등 길	子、丑、寅、辰、巳、未、戌 생은 출행、기천、기도 등	丑、寅、卯、巳、未、戌、亥 생은 기도、제사、개업등 길	子、丑、卯、未、酉 생은 개업、조선、도배 등 길。	
재수 없는 사람과 하면 나뿐일	子、丑、酉、戌、亥 생은 동토、승선 등 불길。	매사 불길	子、寅、卯、酉、戌 생은 동토、승선、상가집 불길。	子、寅、卯、酉、戌 생은 동토、승선、상가집 주의。	丑、辰、巳、未、酉、戌、亥생은 매사 불길	卯、巳、未、申、酉、亥생은 매사 불길	子、辰、午、申、酉 생은 매사 불길。	寅、辰、巳、午、申、戌、亥 생은 출행、개업 등 불길。	
누구나 불길일	결혼 이사		결혼		결혼 이사				

양력	17	18	19	20	21	22	23		24
			문화의 날		경찰의 날				국제연합일
음력	15	16	17	18	19	20	21	상강	22
요일	목	금	토	일	월	화	수		목
일진	甲寅 갑인	乙卯 을묘	丙辰 병진	丁巳 정사	戊午 무오	己未 기미	庚申 경신	경신일	辛酉 신유
지지형상	범	토끼	용	뱀	말	양	원숭이		닭
결혼주당	夫부	廚주	婦부	竈조	第제	翁옹	堂당	진시	姑고
이사주당	殺살	害해	天천	利이	安안	災재	師사		富부
십이신	定정	執집	破파	危위	成성	收수	開개	7시	閉폐
안장주당	客객	婦부	母모	女여	死사	孫손	男남		父부
구성	七赤 칠적	六白 육백	五黃 오황	四綠 사록	三碧 삼벽	二黑 이흑	一白 일백	15분	九紫 구자
재수 있는 사람과 하면 좋은 일	子、丑、寅、辰、午、戌、亥 생은 기도、개업 등 길。	丑、寅、卯、辰、午、戌、亥 생은 출행、산신기도、기천 등 길。	子、午、未、申、酉 생은 제사、묘사 등 길。	子、丑、未、申、酉 생은 개업、조선、매매 등 길。	寅、辰、巳、未、戌、亥 생은 기도、제사、수리 등 길。	寅、卯、辰、未、申 생은 여행、이장、개업 등 길	子、丑、辰、未、申、戌 생은 매사 평길、학술발표 대길。		丑、辰、巳、午、未、申、亥 생은 출행、입주、계약 등 길
재수 없는 사람과 하면 나쁜 일	卯、巳、未、申、酉、亥 생은 송사、이장、개업 등 불길。	卯、辰、午、申、酉 생은 송사 불길、운전 주의。	丑、寅、卯、辰、巳、戌、亥 생은 매사 불길	寅、辰、巳、午、戌、亥 생은 출행、이장、개업 등 불길	子、丑、卯、午、酉、亥 생은 이장、약혼 등 불길	子、丑、未、酉、戌 생은 송사 불길	寅、卯、巳、午、酉、亥 생은 매사 불길		子、寅、卯、酉、戌 생은 동토、승선、상가집 불길。
누구나 불길일	결혼 이사	결혼 이사	결혼		이사				

양력	25	26	27	28	29	30	31
음력	23	24	25	26	27	28	29
요일	금	토	일	월	화	수	목
일진	壬戌 임술	癸亥 계해	甲子 갑자	乙丑 을축	丙寅 병인	丁卯 정묘	戊辰 무진
지지형상	개	돼지	돼지	소	호랑이	토끼	용
결혼주당	夫 부	廚 주해	婦 부	竈 조	第 제	翁 옹	堂 당
이사주당	殺 살	害 해	天 천	利 이	安 안	災 재	師 사
십이신	建 건	除 제	滿 만	平 평	定 정	執 집	破 파
안장주당	客 객	婦 부	母 모	女 여	死 사	孫 손	男 남
구성	八白 팔백	七赤 칠적	六白 육백	五黃 오황	四綠 사록	三碧 삼벽	二黑 이흑
재수 있는 사람과 하면 좋은일	丑、寅、卯、未、酉、戌생은 이장、수리、학술발표 등 길	丑、寅、卯、巳、未、午、戌생은 출행、기천、제사、기도 등	子、丑、寅、卯、巳、未、戌생은 기도、제사、개업등 길	子、午、未、申、酉생은 제사、묘사、산신기도 등 길	子、丑、寅、辰、午、戌생은 개업、금전상담、개문 등 길	丑、寅、卯、巳、未、戌、亥생은 기도、개업 등 길	子、午、未、申、酉생은 제사、묘사 등 길
재수 없는 사람과 하면 나쁜일	卯、巳、未、申、酉、亥생은 이장、개업、개문 등 불길.	卯、巳、未、申、酉、亥생은 매사 불길.	子、辰、午、申、酉생은 매사 불길.	丑、寅、卯、辰、巳、戌、亥생은 매사 불길	卯、巳、未、申、戌、亥생은 매사 불길.	子、辰、午、申、酉생은 운전주의.	丑、寅、卯、辰、亥생은 매사 불길
누구나 불길일	결혼 이혼사	결혼 이혼사	결혼		이 사		

지방자치의날 — 29
교정의날 — 28

★ 재미로 보는 이달의 운세
☯ 음력 9월 9일은 중량절이라 하는데 맑은 날씨가 계속되면 추수에 지장이 없고, 상강일에 서리가 내리면 겨울 날씨는 따뜻하지만 다음해 농작물에 병충해가 많다. 9월생은 1월생과 결혼하면 불길하다. 9월생은 상업이 길하며 계산이 빠르고 관찰력이 뛰어나다.

		7	6	5	4	3	2	1	양력	갑진년 11월 小
						학생독립운동기념일		갑진년 10월 大 을해月		
		7	6	5	4	3	2	10/1	음력	
		목	수	화	월	일	토	금	요일	
입동 을해일 진시 7시 20분		乙亥 을해	甲戌 갑술	癸酉 계유	壬申 임신	辛未 신미	庚午 경오	己巳 기사	일진	
		🐖	🐕	🐓	🐒	🐑	🐎	🐍	지지형상	
		婦부師제 除婦	竈조富건 建母	第제殺폐 閉女	翁옹害개 開死	堂당天수 收孫	姑고利성 成男	夫부安위 危父	결혼주당 이사주당 십이신 안장주당	
		四綠 사록	五黃 오황	六白 육백	七赤 칠적	八白 팔백	九紫 구자	一白 일백	구성	
		생은 子、寅、卯、午、申、戌、亥 묘사、안택、기도등 길	생은 子、寅、卯、午、申、戌、亥 기도、제사 개업등 길	생은 丑、辰、巳、午、未、申、亥 출행、입주、계약등 길	생은 寅、卯、辰、巳、午、未、申 여행、동토、계약 길。	생은 寅、卯、辰、巳、午、未、申 여행、개업、상담등 길	생은 寅、辰、巳、未、申、酉、戌 기도、약혼、제사등 길	생은 丑、寅、卯、午、未、酉、亥 여행、출행등 길	재수 있는 사람과 하면 좋은 일	음력 10월 01일부터 10월 30일까지
		매사 불길 丑、辰、巳、未、酉 생은。	丑、辰、巳、未、酉 생은 안장、이장、약혼 등 불길。	丑、辰、巳、未、酉 생은 동토、승선、상가집 불길。	子、寅、酉、戌 생은 송사、신축、도적수 등 불길	寅、卯、未、酉、戌 생은 송사 불길。	子、丑、未、酉、戌 생은 이장 등 불길。	子、丑、卯、午、亥 생은 의복 재단、재배 등 불길。	재수 없는 사람과 하면 나쁜 일	
		결혼		이사	이사			결혼		누구나 불길일

		소방의날		농업인의날					
양력	8	9	10	11	12	13	14	15	16
음력	8	9	10	11	12	13	14	15	16
요일	금	토	일	월	화	수	목	금	토
일진	丙子 병자	丁丑 정축	戊寅 무인	己卯 기묘	庚辰 경진	辛巳 신사	壬午 임오	癸未 계미	甲申 갑신
지상지형	쥐	소	범	토끼	용	뱀	말	양	원숭이
결혼주당 이사주당 십이신 안장주당	廚주 災재 滿만 客객	夫부 安안 平평 父부	姑고 利리 定정 男남	堂당 天천 執집 孫손	翁옹 害해 破파 死사	第제 殺살 危위 女여	竈조 富부 成성 母모	婦부 師사 收수 婦부	廚주 災재 開개 客객
구성	三碧 삼벽	二黑 이흑	一白 일백	九紫 구자	八白 팔백	七赤 칠적	六白 육백	五黃 오황	四綠 사록
재수 있는 사람과 하면 좋은 일	子、丑、寅、辰、巳、申、戌 생은 동토、입학、수리 등 길	子、丑、寅、卯、巳、申、酉 생은 개업、창고 수리 등 길	子、丑、寅、辰、午、戌、亥 생은 출행、산신기도、기천 등 길	子、丑、寅、卯、巳、午、未、戌、亥 생은 출행、입주、접종 등 길	子、午、未、申、酉 생은 제사、묘사 등 길	辰、巳、未、申、酉 생은 기도、제사、매매 등 길	寅、卯、未、酉、戌 생은 개업、조선、매매 등 길	丑、寅、卯、未、酉、戌 생은 개토、수리、학술발표 길	子、丑、辰、未、申、戌 생은 묘사、개업、구직 등 길
재수 없는 사람과 하면 나쁜 일	卯、午、未、酉、戌、亥 생은 송사、개문 등 불길	辰、午、未、戌、亥 생은 출행、개업 등 불길	卯、巳、未、申、酉、亥 생은 매사 불길	子、辰、午、申、酉 생은 동토、승선、이장 등 불길	丑、寅、辰、巳、戌、亥 생은 매사 불길	寅、辰、巳、午、戌、亥 생은 출행、안장、개업 등 불길	子、丑、卯、午、申、亥 생은 이장、약혼 등 불길	子、辰、巳、午、申、亥 생은 수리、개업、개문 등 불길	寅、卯、巳、午、酉、亥 생은 약혼、출행、개업 등 불길
누구나 불길일	이사	결혼		이사	이사			결혼	이사

	17	18	19	20	21	22		23	24	양력
	순국선열의 날									
	17	18	19	20	21	22		23	24	음력
	아동학대예방의 날									
	일	월	화	수	목	금	소설	토	일	요일
일진	乙酉 을유	丙戌 병술	丁亥 정해	戊子 무자	己丑 기축	庚寅 경인	경인일	辛卯 신묘	壬辰 임진	일진
지상지형	닭	개	돼지	쥐	소	호랑이		토끼	용	지상지형
결혼주당 이사주당 십이신 안장주당	夫 安 閉 父 부안폐부	姑 利 建 男 고리건남	堂 天 建 孫 당천건손	翁 害 除 死 옹해제사	第 殺 滿 女 제살만여	竈 富 平 母 조부평모	인시 4시 56분	婦 師 定 婦 부사정부	廚 災 執 客 주재집객	결혼주당 이사주당 십이신 안장주당
구성	三碧 삼벽	二黑 이흑	一白 일백	九紫 구자	八白 팔백	七赤 칠적		六白 육백	五黃 오황	구성
재수 있는 사람과 하면 좋은일	丑、辰、巳、未、申、亥생은 입학、이장、계약 등 길。	丑、寅、卯、午、未、戌、亥생은 기도、묘사、개업등 길	丑、寅、卯、午、未、申、亥생은 입주、입학、수리등 길	子、丑、寅、辰、巳、申、戌생은 동토、입학、수리등 길	子、丑、寅、辰、巳、午、戌생은 제사、출행、개업등 길	子、丑、寅、辰、午、戌생은 산신기도、기천 등 길		丑、寅、卯、巳、未、戌、亥생은 기도、제사、개업등 길	子、午、未、申、酉、생은 제사、계약、입문 길	재수 있는 사람과 하면 좋은일
재수 없는 사람과 하면 나뿐일	子、寅、卯、午、酉、戌생은 이장、출행 등 불길。	丑、辰、巳、未、酉、戌생은 안장、이장、약혼 등 불길。	子、辰、巳、酉、戌생은 재배 불길、투자 주의	卯、午、未、酉、亥생은 송사、개문 등 불길。	卯、午、未、酉、亥생은 동토、승선 등 불길	卯、巳、未、申、酉、亥생은 송사、이장、개업 등 불길。		子、辰、午、申、酉 생은 매사 불길	丑、寅、卯、辰、巳、戌、亥생은 출행、개업、이장 불길	재수 없는 사람과 하면 나뿐일
누구나 불길일	결 혼			결 혼	이 사	이 사		결 혼	이 사	누구나 불길일

양력	25	26	27	28	29	30
음력	25	26	27	28	29	30
요일	월	화	수	목	금	토
일진	癸巳 계사	甲午 갑오	乙未 을미	丙申 병신	丁酉 정유	戊戌 무술
지상지형						
결혼주당	夫부	姑고	堂당	翁옹	第제	竈조
이사주당	安안	利이	天천	害해	殺살	富부
십이신	破파	危위	成성	收수	開개	閉폐
안장주당	父부	男남	孫손	死사	女여	母모
구성	四綠 사록	三碧 삼벽	二黑 이흑	一白 일백	九紫 구자	八百 팔백
재수 있는 사람과 하면 좋은일	子、丑、卯、未、酉생은 묘사、입주、약혼 등 길。	丑、寅、卯、未、酉、戌생은 동토、수리、학술발표 등 길	子、丑、辰、午、未 申 생은 기도、수리 등 길。	子、丑、辰、巳、午、未 申 생은 여행、동토、계약 길。	丑、辰、巳、午、未、亥 생은 출행、입주、입학 등 길	子、寅、卯、午、申、戌、亥 생은 묘사、안택、기도 등 길
재수 없는 사람과 하면 나쁜일	寅、辰、巳、午、戌、亥생은 동토、이장、출행、수리 등 불길。	子、辰、巳、午、申、亥생은 개업、개문、수리 등 불길。	寅、巳、酉、戌、亥 생은 송사 불길	寅、卯、酉、戌、亥 생은 송사、신축、도적수 등 불길	子、寅、卯、酉、戌 생은 동토、승선、이장 등 불길	丑、辰、巳、未、酉 생은 매사 불길。
누구나 불길일	결 혼		이 사	이 사		

★ 재미로 보는 이달의 운세

☯ 음력 十월 입동일에 일진이 임자일이면 병사자가 많으나 바람이 없으면 길하다。十월 十五일이 맑으면 겨울 날씨가 좋다。十월 출생자로서 2일、6일、15일、27일 생은 인덕이 없으니 의지하는 마음을 버려야 한다。기술직을 택하면 한평생 근심이 없으리라。

☯ 가상은 왜 보는 것이 좋은가？
집 좌향이 나쁘면 손해를 보게 되는데、자기의 운이 오는 방향을 내다 보는 집 좌향이 된다면 그 집에서 덕을 볼수 없으며 손해만 보게 되므로 좌향을 보고 집을 짓는 것이 좋으리라。

- 45 -

갑진년 12월 大	양력	1	2	3	4	5	6	7	대설
	음력	11/1	2	3	4	5	6	7	을사일
	요일	일	화	수	목	금	토		자시
	일진	己亥 기해	庚子 경자	辛丑 신축	壬寅 임인	癸卯 계묘	甲辰 갑진	乙巳 을사	24시
	지상지형	돼지	쥐	소	호랑이	토끼	용	뱀	17분
	결혼주당 이사주당 십이신 안장주당	夫安建父 부안건부	姑利除男 고리제남	堂天滿孫 당천만손	翁害平死 옹해평사	第殺定女 제살정여	竈富執母 조부집모	婦師破婦 부사파부	
	구성	七赤 칠적	六白 육백	五黃 오황	四綠 사록	三碧 삼벽	二黑 이흑	一白 일백	
음력 11월 1일부터 12월 1일까지	재수 있는 사람과 하면 좋은 일	丑、寅、卯、午、未、酉、戌 생은 묘사、수리、개업등 길	丑、寅、卯、午、未、酉、戌 생은 묘사、수리、개업등 길	丑、寅、卯、辰、巳、戌 생은 상량、개업、기도 등 길	子、丑、寅、辰、未、戌 생은 제사、출행、개업등 길	子、丑、寅、卯、巳、未、酉 생은 개업、조선、도배 등 길	子、午、未、申、酉 생은 출행、접종、약혼 등 길	子、丑、卯、未、酉 생은 묘사、이장、증축 등 길	
	재수 없는 사람과 하면 나쁜 일	子、辰、巳、申、亥 생은 안장、출행、약혼 등 불길	子、辰、巳、午、申、亥 생은 운전주의、차사고 주의	卯、午、未、酉、亥 생은 동토、승선 등 불길	寅、辰、巳、午、申、戌、亥 생은 출행、이장 등 불길	子、辰、午、申、酉 생은 매사 불길、원행 주의	丑、寅、卯、辰、巳、戌 생은 연정 관계 주의	寅、辰、巳、午、申、戌、亥 생은 운전주의 매사 불길	
	누구나 불길일	결 혼			이 사	이 사			

무역의 날 — 5
소비자의 날 — 3
갑진년 11월 大 병자월 — 1

양력	8	9	10	11	12	13	14	15	16
음력	8	9	10	11	12	13	14	15	16
요일	일	월	화	수	목	금	토	일	월
일진	丙午 병오	丁未 정미	戊申 무신	己酉 기유	庚戌 경술	辛亥 신해	壬子 임자	癸丑 계축	甲寅 갑인
지상지형	말	양	원숭이	닭	개	돼지	쥐	소	호랑이
결혼주당	廚 주	夫 부	姑 고	堂 당	翁 옹	第 제	竈 조	婦 부	廚 주
이사주당	災 재	安 안	利 이	天 천	害 해	殺 살	富 부	師 사	災 재
십이신	危 위	成 성	收 수	開 개	閉 폐	建 건	除 제	滿 만
안장주당	客 객	父 부	男 남	孫 손	女 여	母 모	婦 부	客 객
구성	九紫 구자	八百 팔백	七赤 칠적	六白 육백	五黃 오황	四綠 사록	三碧 삼벽	二黑 이흑	一白 일백
재수 있는 사람과 하면 좋은 일	寅、辰、巳、未、申、酉、戌 생은 제사、약혼、상량 등 길	丑、寅、卯、未、酉、戌 생은 제사、약혼、상량 등 길	묘사、개토、수리、학술발표 길。	子、丑、辰、未、申、戌생은 개업、구직 등 길。	丑、寅、卯、午、未、申、戌생은 출행、분묘、개업 등 길	생은 기도、제사、개업 등 길	生은 묘사、출행、개업 등 길	生은 제사、가옥 수리 등 길	子、丑、寅、辰、午、戌 생은 출행、산신기도、기천 등 길
재수 없는 사람과 하면 나뿐일	子、丑、卯、午、亥생은 송사、약혼、이장 등 불길。	子、辰、巳、午、申、亥생은 수리、개업、개문 등 불길。	寅、卯、巳、午、酉、亥생은 약혼、출행、개업 등 불길。	子、寅、酉、戌 생은 안장、원행 등 불길。	丑、辰、巳、申、酉 생은 안장、이장、약혼 등 불길。	卯、辰、巳、申、亥 生은 안상、출행、약혼 등 불길。	卯、午、未、亥 生은 동토、승선 등 불길。	辰、午、未、戌、亥 生은 상가에 가지말것、매사불길	卯、巳、未、申、酉、亥생은 매사 불길。
	누구나 불길일	이사	결혼		이사	결혼이사		결혼	이사

24	23	22	동지 기미일 유시 18시 21분	21	20	19	18	17	양력
24	23	22		21	20	19	18	17	음력
화	월	일		토	금	목	수	화	요일
壬戌 임술	辛酉 신유	庚申 경신		己未 기미	戊午 무오	丁巳 정사	丙辰 병진	乙卯 을묘	일진
개	닭	원숭이		양	말	뱀	용	토끼	지지형상
廚주災재開개客객	婦부師사收수婦부	竈조富부成성母모		第제殺살危위女여	翁옹害해破파死사	堂당天천執집孫손	姑고利이定정男남	夫부安안平평父부	결혼주당 이사주당 십이신 안장주당
二黑 이흑	三碧 삼벽	四綠 사록		五黃 오황	六白 육백	七赤 칠적	八白 팔백	九紫 구자	구성
子、寅、卯、午、申、戌、亥 생은 개점、수리、증축등 길	丑、辰、巳、午、未、申、亥 생은 출행、분묘、개업등 길	子、丑、辰、午、未、申、亥 생은 매사 평길、취임식대길		寅、卯、辰、巳、午、亥 생은 여행、이장、개업등 길	寅、辰、巳、未、申、酉、戌 생은 기도、제사、상량등 길	子、丑、卯、未、申、酉、戌 묘사、입주、이장、약혼등길	子、午、未、申、酉 생은 출행、접종、식목、약혼등길	丑、寅、卯、巳、未、戌、亥 생은 출행、입주、접종등 길	재수 있는 사람과 하면 좋은 일
丑、辰、巳、未、酉 생은 출행、개업、안장 등 불길。	子、寅、卯、酉、戌 생은 여행、개업、신축 등 불길。	寅、卯、巳、酉、戌 생은 매사 불길、시험운 대흉。		子、丑、未、酉、戌 생은 송사 불길。	子、丑、午、亥 생은 이사 등 이전 불길。	寅、辰、巳、午、戌、亥생은 동토、이장、출행 등 불길。	丑、寅、辰、巳、戌、亥 생은 안장 불길、연인 주의	子、辰、午、申、酉 생은 동토、승선、이장 등 불길。	재수 없는 사람과 하면 나뿐일
이사	결혼			이사	이사			결혼	누구나 불길일

양력	25	26	27	28	29	30	31 갑진년12월小 정축月
			원자력 안전 및 진흥의 날				
	기독 탄신일						
음력	25	26	27	28	29	30	12/1
요일	수	목	금	토	일	월	화
일진	癸亥 계해	甲子 갑자	乙丑 을축	丙寅 병인	丁卯 정묘	戊辰 무진	己巳 기사
지지형상	(돼지)	(돼지)	(소)	(호랑이)	(토끼)	(용)	(뱀)
결혼주당	夫부	姑고	堂당	翁옹	第제	竈조	婦부
이사주당	安안	利이	天천	害해	殺살	富부	天천
십이신	閉폐	建건	除제	滿만	平평	定정	執집
안장주당	父부	男남	孫손	死사	女여	母모	母모
구성	一白 일백	一白 일백	二黑 이흑	三碧 삼벽	四綠 사록	五黃 오황	六白 육백
재수 있는 사람과 하면 좋은 일	丑、寅、卯、午、未、申、戌 생은 입주、입학、수리등 길	子、丑、辰、巳、申、戌 생은 동토、입학、수리등 길	子、丑、卯、未、酉 생은 개업、조선、도배등 길	子、丑、寅、辰、午、戌생은 개업、금전상담、개문등 길	丑、寅、卯、巳、未、戌、亥 생은 기도、제사、개업등 길	子、午、未、申、酉 제사、묘사 등 길	丑、寅、卯、午、未、酉、亥 생은 여행、기도、출행등 길
재수 없는 사람과 하면 나쁜 일	子、辰、巳、酉、戌 생은 재배 불길、투자 주의	卯、午、未、酉、亥 송사、개문、기도 등 불길	寅、辰、巳、午、申、戌、亥 생은 출행、개업 등 불길	卯、巳、未、申、酉 매사 불길	子、辰、午、申、酉 매사 불길、운전주의	丑、寅、卯、辰、巳、戌、亥 생은 매사 불길	子、辰、巳、申、戌 의복 재단、재배 등 불길
누구나 불길일	결 혼		이 사	이 사		결 혼	

★ 재미로 보는 이달의 운세

☯ 음력 十一월은 초 1일이 맑으면 겨울이 평탄하고, 동지일이 맑으면 명년이 대풍이 된다.

十一월 출생자는 十一월중에 여행은 불길하며, 十一월생은 八월생과 혼인하면 불길하다.

十一월생은 머리가 영특하니 학문으로 성공하고 직업은 교직이 좋다.

🐀 자년생 (쥐띠) 갑진년 매월 운세
총 운 = 재수 운세는 좋은 운이고 재산이 저축되지만 이사는 불길하다.

1월	재수는 평탄하지만 하는 일이 꼬여서 서서히 성사가 된다. 모든 일에 침착하게 진행한다면 재물과 행복이 따르리라.
2월	남녀 간에 사기 수 있으니 상대를 믿지 말고 조심하라. 도적수도 있으니 문 단속 잘하고 주의하라.
3월	재수 있는 달이다. 그러나 처세를 잘못하면 들어오는 복도 버리는 일이 있으며 원행을 주의하라.
4월	문서가 발동하였으니 부동산 계약이 있을수 있다. 그러나 믿는 사람에게 사기를 당할수 있으니 주의하라.
5월	관재수 있고 건강운도 나쁘니 관청과 연관이 되는 것은 피하라. 금전 거래도 손재수가 있으니 주의하라.
6월	건강도 좋지 않은데 시비 거는 사람은 왜 이리 많은지 한탄만 생긴다. 매사에 조심하고 또 조심하라.
7월	친한 사람과의 금전 거래를 조심하라. 특히 형제지간에는 절대 금전 거래를 주의하라. 원망이 따라오리라.
8월	운수가 좋아서 재산이 저축되며 형제나 자손 중에 혼사의 경사가 있는 운이며 모든 일이 잘 풀린다.
9월	미혼자는 애인이 생기거나 혼인하며, 기혼자는 애정 문제가 생기거나 재산이 늘어날 운세이다.
10월	친척간이나 친우 간에 언쟁할 수 있으니, 모든 일에 친절함으로 대하고 너그러운 마음을 가짐으로써 좋은 관계를 유지할 수 있다.
11월	문서 계약의 운이 있으니 계약하라. 손해 보다 이득이 더 많을 것이다. 그러나 교통사고의 운이 있으니 운전을 조심하라.
12월	질병이 발생하기 쉬우니 건강을 주의하라. 관청구설 수도 있으니 언쟁을 하지 말라. 송사는 지는 운이다.

🐂 축년생 (소띠) 갑진년 매월운세
총 운 = 운세가 좋지 않으니 매사에 조심하고 가족중에 병고가 발생하니 주의하라.

1월	재수가 있어서 소원도 이루어지고 마음 먹은 일들이 순탄하게 해결되면서 재물이 들어오는 운세이니 좋은 운의 달이다.
2월	재수가 불길하여 손재수가 있다. 특히 도적수가 있어 손재를 볼 수 있으므로 이에 대한 대비를 철저히 해야 한다.
3월	재수 있는 좋은 달이다. 주의할 점은 교통사고를 주의하고 빚 보증 및 어음 교환도 인색하게 하라.
4월	친하다고 쉽게 말하지 말라. 사소한 작은 말이 크게 될수도 있고 손해 보게 된다. 여행을 주의하라. 물로 인한 수난을 당할수 있으니 주의하라.
5월	집안 일을 다스릴 운이니 집을 수리하든지 자녀를 출가시키는 좋은 운이다. 여행이나 이사도 좋으니 마다 하지 말라.
6월	구설수나 소송 문제가 발생하는 운이다. 모든 일에 인내심을 가지고 작은 일이라도 쉽게 여기지 말라.
7월	재수 있는 달이다. 그러나 처세를 잘못하면 들어오는 복도 버리는 것이 되니 주의하라. 여행을 주의하라.
8월	모든 사람을 내사람 같이 아껴라. 그렇지 않으면 벽이 생겨서 언쟁이나 소송 문제도 생길수 있으리라.
9월	웃 어른 중에서 병환이나 신상에 변동이 있을 운이니 이사하거나 부모를 다른 곳으로 여행을 보내드리는 것이 길하리라.
10월	실물수 있으니 도적을 주의하고 이사 갈 운이나 출행할 일이 생기는데 출행을 하거나 이사를 가면 모두 길하리라.
11월	낙상수가 있으니 팔과 다리를 조심하라. 다툼이 생기면 이길수 없으니 참는 성격을 갖도록 노력하라.
12월	형제나 친구간에 화목을 돈독히 하라. 언쟁수가 있어서 모르는 사람들과 다툼이 있는데 형제나 친구가 도움이 되리라.

☯ 1년 신수는 본인의 음력 생월로 보는 것입니다.

◎ 인년생 (호랑이띠) 갑진년 매월 운세

총 운 = 운이 불길하니 신규 시작은 조심하고 사람을 주의하라. 부부 이별수 있다

1월	물에 빠져 죽은 귀신이 괴롭히는 운세이니 관재구설과 손재가 있을 운이며 건강도 불길하니 주의하라.
2월	타인에게 원망을 듣고 원수를 만들 수 있으니 항상 손해를 본다는 마음으로 생활하면 순조롭게 되리라.
3월	부부간에 언쟁하며 독선과 폭력을 주의하라. 형액 당하고 후회하니 부부간에 사랑을 아끼지 말라.
4월	가족이나 타인이든 누구에게도 마음의 사랑을 아끼지 말고 즐겁게 하는 마음을 가지면 재수 있고 모든 일이 편안하리라.
5월	남의 말만 듣고 모든 일을 행하지 말라. 집안이 시끄럽게 되고 사기 당하기 쉬우니 매사에 조심하라.
6월	내 집에서 나는 소리가 이웃집에 들리지 않도록 조심하라. 관청 구설수 있고 언쟁에 휘말리게 될 수 있다.
7월	타향에 자식이 있으면 근심이 생기는데 미리 예방하라. 언쟁만 주의하면 재수는 평탄한 운이다.
8월	자기의 마음만 믿고 자신만만하게 일을 처리하다가 급속히 패망하고 후회하게 되니 조심하라.
9월	손재수도 있고 부동산 관계로 원수 질 일도 생길 수 있으니 조심 또 조심하라. 그리고 화재 예방에 힘써라.
10월	친구나 형제간에도 사기를 당할 수 있으니 금전 거래를 주의하고, 모든 일에 실패할 수 있으니 무턱대고 일을 시작하지 말고, 하는 일에도 신중을 기하라.
11월	집안에 경사가 있고 하는 일이 성공을 하니 어찌 기쁘지 않겠는가. 그래도 실속을 항상 차리도록 하라.
12월	재수 좋은 달이다. 문서 계약을 하면 손해를 볼수 있으나 각별히 주의하면 오히려 재물이 들어오니 추진하라.

◎ 묘년생 (토끼띠) 갑진년 매월운세

총 운 = 관청구설이 생기며 부부간 불길하니 조심하고 질병 및 화재도 조심하라.

1월	부부 언쟁하면 형액수가 생긴다. 가벼운 말다툼은 모면 할수 있지만 몸에 상처라도 생기면 소송 및 형액수 있다.
2월	다른 사람이나 가족 등으로 형액수 있으니 언쟁하면 결과를 후회하니 주의하라. 금전으로 인한 손해도 있으니 주의하라.
3월	재수도 좋고 하는 일도 순탄하지만 뜻밖의 일로 인해서 가족에게 근심이 생겨서 답답하기만 하지만 순리를 따르면 근심도 사라지리라.
4월	배타고 바다나 여행을 떠나는 일은 금하는 것이 현명하게 되리라. 도적이 침범하여 재물에 손해를 보는 일이 발생하니 주의하라.
5월	부동산 계약하여 발전되는 운이므로 이사, 신규시작 등의 일을 하면 좋을 것이니 열심히 노력하면 길하리라.
6월	하는 일이 모두 어렵고 힘들게 되니 마음을 굳건히 가지고 다시 계획성 있게 처리한다면 적자를 다소 면하리라.
7월	집 이사 문제나 금전 문제로 인한 부동산 이동이 있는데, 결과는 좋게 되지 않고 다툴 수 있으니 매사 신중하게 해야 할 것이다.
8월	손재수 들어 오니 재수 불길이다. 금전 관리에 철저하게 하고, 말조심으로 구설수도 조심하라. 남의 말을 함부로 하지 말고, 험한 말에 대꾸하지 말라.
9월	바람이 불어 나뭇잎을 흔드는 것처럼 하는 일이 모두 흔들리니 인내하여 조심하고 남에게 속는 것도 매사에 조심하라.
10월	집에 있으면 구설수가 있으나 밖으로 나가면 구설과 언쟁을 피할 수 있다. 재수는 평탄하지만 건강이 불길하니 조심하라.
11월	재물이 들어오는 운이나 마음을 굳게 하여 노력하여야 들어온 돈도 쌓이게 되니 근면 성실하라.
12월	재수는 무난하지만 집안에 질병을 가지고 오는 운세이므로 상가집에 문상은 되도록 피해야 한다. 집안에 우환이 생길 수 있다.

◯ 진년생 (용띠) 갑진년 매월 운세

총 운 = 운이 불길하니 매사에 조심하고 몸에 질병이 침범하고 재산도 흩어진다.

1월	재수가 좋아서 번창하는 운이니 부동산 계약하여 이사 가도 좋다. 신규 시작하여도 좋으니 마음을 굳게 가져라.
2월	이 달 운세는 하는 일에 재수가 있어서 재산이 저축 되지만 매사에 조심하지 않으면 낭패를 보리라.
3월	부동산 매매 관계를 주의하라. 계약 잘못으로 송사 문제가 일어날 수 있고 식구중에 우환이 발생한다.
4월	언쟁을 주의하고 송사를 만들지 말라. 만약 송사가 생기면 언쟁을 피하라. 소득이 없는 싸움이 되리라.
5월	재수는 무난한데 부부간에 이별수가 있으니 서로 이해하고 사랑하는 마음을 갖지 않으면 후회하는 일이 발생하니 매사에 신중하라.
6월	집안 일이나 밖의 일도 복잡하기만 하고 속시원히 해결되는 일도 없이 답답하게만 느껴지는 운세이니 마음의 여유가 필요하리라.
7월	가정이 편해야 밖의 일도 무난하니, 집안의 화목이 모든 일의 성공 초석임을 명심해야 할 것이다.
8월	친한 사람과 언쟁이 발생하는 시기이니, 말을 조심하고 행동도 조심하여야 한다. 가까운 사이라고 말을 함부로 하면 낭패를 보게 된다.
9월	재산이나 부동산 관계로 싸우는 운이 생길 운인데 승산 있는 싸움이 아니면 하지 말라. 지게 되리라.
10월	자식으로 인한 손재수가 있으니 금전 문제를 준비하라. 타인과의 언쟁도 피하는 것이 현명한 수이다.
11월	바다나 강에서 배를 타거나 물놀이를 조심하라. 물로 인하여 생명이 위험할 수 있다.
12월	작은 일로 언쟁이 발생하는 구설수가 있는 운과 손재수가 있는 운이 함께 있으니 말과 행동에 있어 조심 또 조심하여야 한다.

◯ 사년생 (뱀띠) 갑진년 매월운세

총 운 = 재수 길하며 재물이 저축 되고 하는 일도 잘되고 대체로 만사 형통한다.

1월	운세가 좋은 달이므로 하는 일과 하고자 하는 일이 모두 좋게 해결되므로 정성과 열정으로 일에 임하면 된다.
2월	부동산 등의 일로 문서 계약을 하든지 사업적인 일로 계약을 할 수 있는 일이 발생하나, 다툼이 생길 수 있으니 미리 준비를 철저히 하여 대비하여야 한다.
3월	나무 가지는 하나인데 줄기가 많아 잎이 너무 무성하니 외롭고 무겁도다. 지나친 과욕은 실패의 주범이 되리라.
4월	믿는 사람이 반드시 손해를 끼칠 것이니 상대를 조심하라. 믿을 사람이 없으니 미리 준비하라. 이사하면 좋은 운세이다
5월	관청구설이 있으니 언쟁하지 말고 위법한 행동도 하지 말라. 크게 손해 보게 될까 두렵구나.
6월	재수 좋은 달이다. 사업도 번창하고 모든 일이 잘되어 재물이 들어오고 저축되는 달이기도 하다.
7월	급히 흐르는 물은 급히 떠나가듯이 빨리 시작한 일은 빨리 끝내어지는 것이니 신중을 기하라.
8월	형제간에도 불길한 운이고 친구하고도 동업은 주의하라. 동업하면 실패수 있어서 생각지도 않은 재산 실패의 운이 생기리라.
9월	부부간에 이별이나 별거 또는 가출의 일이 생길 수 있으니 내탓이려거니 생각하고 참고 또 참으라.
10월	부모에게 질병이 발생하게 되거나 부동산으로 인하여 사기를 당할 수 있는 운이니 조심하라.
11월	재수는 무난하지만 도적이나 사기수 당할 수 있으니 문 단속을 잘하라. 특히 사기를 조심하여야 한다.
12월	사람과의 상대를 잘못하면 큰 손해를 보고 땅을 치면 한탄하게 되니 사람들과 경계를 가지고 주의하라.

☯ 오년생 (말띠) 갑진년 매월 운세

총 운 = 부동산을 매매하는 운이나 관청구설을 조심하고 언쟁을 주의하라.

1월	여행 및 외국에 나가는 운이다. 타인과 언쟁하면 손해만 발생하니 인내하는 것이 좋은 운세이다.
2월	남녀 간에 언쟁 관계가 발생하는 운이다. 결실은 좋지 않고 관재와 언쟁이 발생하는 운이다.
3월	도적수 있고 관청구설 송사 문제도 있으니 문 단속을 잘하라 누구와도 언쟁을 피하고 사람을 믿는 것을 주의하라.
4월	재산 실패수가 있으며 화재수도 있다. 식구중에 화상이나 사망까지 있을수 있으니 화재를 조심하라.
5월	재수가 있어서 모든 일이 잘되고 소원하는 일도 잘 풀리지만 뜻밖에 타인에게 사기를 당할 수 있으니 주의하라.
6월	재수는 길하지만 믿는 도끼에 발등 찍힌다는 속담과 같이 남을 믿었다가 사기 및 배신을 당할 수 있으니 경계하라.
7월	이사 할 일이 생기는데 이사 갈 날을 잘 알아보고 이사를 가라. 이사 날자가 좋지 않으면 관재 구설이 생긴다.
8월	부모에게 건강운이 나쁘니 예방하라. 부적으로 예방을 하는 것도 방법이다. 재산과 건강에 문제가 생기는 달이다.
9월	문서 계약의 일이라면 신경 써서 신중히 행하여야 할 것이다. 손해 보고 다툼이 생길까 걱정 된다.
10월	집안이 시끄럽게 될 일이 생기게 된다. 하는 일이 순탄하지 않게 되더라도 인내하고 참아야 한다.
11월	남자에게는 처와 재산이 도망가는 운이다. 미리 준비하여 주의하라. 여자에게는 남자가 생길 수 있다.
12월	부부간에 언쟁을 주의하라. 재산 문제로 언쟁이 생길 수 있으니 금전 문제로 좋은 사람을 버리지 말라. 후회하리라.

☯ 미년생 (양띠) 갑진년 매월운세

총 운 = 운세가 불길하니 조심하고 가족중에 우환이 생길수 있으니 주의하라.

1월	재수는 무난한데 부부간에 이별수가 있으니 서로 이해하고 사랑하는 마음을 갖지 않으면 후회하는 일이 발생하니 매사에 신중하라.
2월	집안 일이나 밖의 일도 복잡하기만 하고 속시원히 해결되는 일도 없이 답답하게만 느껴지는 운세이니 마음의 여유가 필요하리라.
3월	애인과 언쟁하는 일이 발생하며 문서 계약의 잘못으로 언쟁수가 있으니 주의하라. 손재수 있는 운이니 침착하라.
4월	믿는 자가 실망과 손해를 주니 사람을 주의하라. 이사유이 있어서 이사 가면 좋으니 금년 삼살방(남쪽)은 피하라.
5월	학생이라면 시험에 합격하고 공직자라면 승진하는 좋은 운이 기다리고 있다. 운이 좋으나 시기하는 사람을 조심하라.
6월	재수는 손해볼 운이지만 혼인할 좋은 운도 있다. 헤어짐과 만남이 교차하고 이익과 손해가 교차하는 복잡한 운세라 하겠다.
7월	남녀간에 경계하고 밀접한 관계를 맺지 말라. 서로 언쟁과 말다툼이 발생하기 쉬운 운이며 재수도 없어서 손재수가 생긴다.
8월	들어오는 수입에 비해 나가는 지출이 더 많을 운이니 지나친 욕심을 내지 말고 순리적으로 지출 축소에 몰두하라.
9월	마음은 소심한데 일이 크게 생기니 혼자 감당하기 어렵도다. 침착과 인내로 행하면 큰 재난은 피하리라. 시간이 해결하리라.
10월	부모에게 건강 문제 및 재산 실패 또는 객사의 일이 있으니 조심하고 미리 예방함이 길하리라.
11월	직장인은 승진하는 운이며 사업가는 사업이 성공되어 재수 길하게 되며 재산 저축의 좋은 운이다.
12월	인내하라. 하는 일이 꼬이게 되어 일이 깨지는 불길함이 있으니 주의하라. 경솔함이 실패함을 부르는 운이다.

◎ 신년생 (원숭이띠) 갑진년 매월 운세

총 운 = 하는 일마다 다 잘 되며, 재산도 는다. 단 관재구설수를 조심하라

1월	재수와 운수가 좋아서 많은 재산이 들어올 운이므로 사업을 확장하여도 좋으며 더 열심히 하면 많은 재물이 들어오리라.
2월	재수는 무난한데 뜻밖에 손재를 보든지 도적을 당하는 운세이니 문단속을 잘하라. 수표 거래 및 금전 관리를 특히 주의하라.
3월	남 녀 간에 풍파가 많은 운이니 모든 일을 미리 준비하라. 홀아비나 과부는 부동산이 생기는 운이 생길 수 있다.
4월	미혼자는 혼인을 하는 운이다. 기혼자는 애정 문제가 시작되는 운이지만 결과는 좋게 되지 않으니 경솔함을 주의하라
5월	아기 귀신이 침범하여 자손 중에 사망하든지 질병이 발생하니 잡귀를 물리치는 부적을 집안에 붙여서 예방하라.
6월	몸을 다칠 수 있으니 여행을 하지 말라. 자손 근심이 발생할 수도 있으니 자손 문제에 관심을 가져라.
7월	어떠한 일이 있더라도 서로 언쟁하지 말라. 구설수가 있으니 말을 조심하고 몸도 다칠 수 있으니 운전 등을 주의하라.
8월	가족에게 우환이 발생하는 불길한 운이다. 질병을 주의하고 상가집에 가지 말라. 부부간에 질병이나 근심이 생길 수 있다.
9월	봄바람이 집을 에워 싸고 훈훈한 기운을 드리우니 집안 식구들이 어찌 마음이 든든하지 않겠는가.
10월	재수는 좋은데 하는 일이 잘 되지 않아 답답하다. 마음을 너그럽게 갖고 모든 일을 대하면 매사가 순탄하게 될 것이다.
11월	공직자는 승진의 희소식을 들을 것이며 미혼자는 혼사 문제가 발생하는 좋은 운이다. 아주 좋은 운이 있는 달이다.
12월	재수가 불길하고 언쟁수가 많으니 모든 일에 주의하고 화목을 위주로 처세를 잘하는 길만이 가장 길하리라.

◎ 유년생 (닭띠) 갑진년 매월운세

총 운= 운이 길하여 재물이 들어오고 횡재수도 있어서 좋고 득남의 운도 있다.

1월	농담으로 한 말이 씨가 되어 크게 구설수에 오를 수 있으므로, 말을 함에 조심 또 조심하여야 한다.
2월	재수는 무난하나, 도적수와 손재수가 있으니 금전 거래를 주의하지 않으면 후에 후회하게 된다.
3월	집안의 일로 언쟁할 운이 있으니 조심하라. 욕심을 내지 말고 꾸준하게 행하면 실패하지 않고 성공하게 된다.
4월	관청 관계의 일은 좋지 않은 결과를 가져올 수 있으니 되도록 관청과 관계되는 일이 생기지 않도록 노력하라.
5월	사업이 부진하여 재정 근심이 발생하는데, 형제간에 언쟁수 까지 발생하니 설상가상 이라고 하는 운세이다.
6월	여름 따가운 햇살이 나를 비추니 몸은 덥고 숨은 가쁘도다. 힘겨운 일을 무리하며 하는 자는 실패하니 이를 어찌 할 고.
7월	부동산 거래를 주의하라. 부동산 관계로 언쟁이 발생하여 손재수가 생기는 불길한 운세이니 모든 일에 주의하라.
8월	남 녀 간에 교제를 주의하라. 결실이 나쁘게 얼굴을 붉히니 매사가 순탄치 못할 운이므로 모든 일에 인내심을 가져라.
9월	우연한 일이라고 작은 일이라고 쉽게 생각하여 그냥 넘기는 일이 없도록 하라. 크게 일이 번져서 고생할까 두렵다.
10월	좋은 인연이 발생하는 운이다. 그러나 악연을 만날수도 있으니 사람을 가려서 사귀도록 하라.
11월	도적수 있으니 재수 없고 집안에 타인을 들여 놓는 것은 아주 나쁜 일이 발생하니 주의하라. 남자는 여자를 주의하여야 할 운이다.
12월	관청 관계의 일이 있는데 재수는 평탄하다. 집안 사람이 아닌 다른 사람이 나에게 피해를 끼치니 사람을 주의하도록 하라.

술년생 (개띠) 갑진년 매월 운세

총 운 = 운이 길하여 부동산은 늘어나지만 시험운과 이사운은 나쁘니 주의하라.

1월	재수도 없고 집안의 운세도 불길하며 몸이 아프거나 다칠 수 있다. 관청구설도 조심하여야 하리라.
2월	어떠한 일이 있어도 법과 관계되는 일은 하지 말아야 한다. 관재구설이 발생하여 손해 보고 망신 당하는 불길한 달이니 주의하라.
3월	구설수가 있으니 조심하라. 가족 중에 몸 다치는 사람이 있게 되니 원행을 삼가라. 새로운 직업을 찾으면 손해 본다.
4월	건강운이 나빠서 질병이 생길 수 있으니 주의하라. 재물에 손재수 있으니 조심하고 부부간에도 질병이 발생할 수 있다.
5월	집안 일이 순탄하지 못하여 일이 꼬이지만 마음을 착하게 먹으면 순조롭게 모든 일이 해결 될 것이다.
6월	부부간이나 다른 사람으로 인한 언쟁이 생겨 망신스러운 일이 발생할 운이다. 매사에 언쟁을 삼가고 조심해야 한다.
7월	부부간에 몸을 다칠 운이니 부부 같이 여행을 피하라. 남을 시기하고 미워하는 마음을 버려야 행복이 찾아 온다.
8월	친한 사람이라도 보증을 피하라. 또한 수표 교환도 하지 말라. 반드시 후회하는 일이 발생하리라
9월	집 관계 및 문서 관계의 일이 있을 운이며 관청 구설수도 있으니 주의하라. 재물이 모이지 않는 달이니 조심하라.
10월	부부간에 언쟁수 있으니 주의하고 집 수리할 운도 있으니 집 관계의 일을 하되 다른 사람의 말을 듣고 일을 하지는 말라.
11월	재수는 평탄하고 하는 일도 꾸준하며 아무 탈이 없으며 매사가 무난하지만 관재구설만 주의하면 길하리라.
12월	하는 일에는 별 탈이 없는 운이지만 물과 관련된 일에 투자하면 손해를 보니 주의하라. 남자는 여자를 주의하여야 탈이 없으리라.

해년생 (돼지띠) 갑진년 매월운세

총 운 = 몸 다치는 운세이니 건강을 조심하라. 그러나 이사하면 길하다.

1월	집안에 운세는 무난하다. 식구 중 다른 곳으로 이동하는 일이 생길 수 있으나 이동하지 않는 것이 좋다.
2월	부부간 언쟁이 발생하여 들어오는 복을 차는 운세이니, 가정이 화목하도록 모든 힘을 아끼지 말아야 한다.
3월	부부간에 언쟁하는 운이 있으며 가정 운도 좋지 않으니 부부금실이 좋게 노력하라. 남을 너무 믿어도 실패수 있으리라.
4월	부부간 언쟁이나 식구들하고 언쟁하는 일이 발생하는데 인내심을 가지고 모든 일에 슬기롭게 처세하지 않으면 후회하는 일이 발생하리라.
5월	하는 일마다 피곤하기만 하고 순탄하게 되는 일은 하나도 없으니 매사 일들의 해결이 어렵고 힘들기만 하다. 쉬어간다는 생각으로 마음을 편하게 가져라.
6월	가족 간에 경우 없는 일을 만들거나 언쟁함을 조심해야 하며, 무시하지 말고 서로 도와서 화목을 유지할 수 있도록 노력해야 한다.
7월	집안에 동토가 나든지 각종 귀신이 침범하는 달이며 식구중에 환자가 발생할 운이 있으니 예방하라.
8월	이사할 운이 있으니 이사를 가면 좋으리라. 이사를 가지 못하면 집을 떠나 여행을 하면 좋은 운이다.
9월	이 달의 운세는 교통사고를 조심하고 상가집을 조심하라. 조금만 주의하고 조심하면 모든 일이 평탄하게 풀리리라.
10월	언쟁하고 다툰들 재물이 생기지 않는다. 인내하고 성실하면 돈은 저절로 생기게 되는 것이다.
11월	재수는 길하지만 부모나 친척 관계로 눈물을 흘리는 일이 생길수도 있어 집안에 근심이 있을 수 있으니 대비하라.
12월	개업식을 할 운도 있고 사업도 번창하여 모든 일이 잘 풀리며 집 안에 혼사 문제로 경사가 겹치는 좋은 운세이다.

◎ 1년 신수는 본인의 음력 생월로 보는 것입니다.

男女 宮合法 (남여 궁합법)

六甲 納音 法 (육갑 납음법)

甲	乙	丙	丁	戊	己	庚	辛	壬	癸
甲子 海中金(해중금)	乙丑 海中金(해중금)	丙寅 爐中火(노중화)	丁卯 爐中火(노중화)	戊辰 大林木(대림목)	己巳 大林木(대림목)	庚午 路傍土(노방토)	辛未 路傍土(노방토)	壬申 劍鋒金(검봉금)	癸酉 劍鋒金(검봉금)
甲戌 山頭火(산두화)	乙亥 山頭火(산두화)	丙子 澗下水(간하수)	丁丑 澗下水(간하수)	戊寅 城頭土(성두토)	己卯 城頭土(성두토)	庚辰 白蠟金(백납금)	辛巳 白蠟金(백납금)	壬午 楊柳木(양류목)	癸未 楊柳木(양류목)
甲申 泉中水(천중수)	乙酉 泉中水(천중수)	丙戌 屋上土(옥상토)	丁亥 屋上土(옥상토)	戊子 霹靂火(벽력화)	己丑 霹靂火(벽력화)	庚寅 松柏木(송백목)	辛卯 松柏木(송백목)	壬辰 長流水(장류수)	癸巳 長流水(장류수)
甲午 沙中金(사중금)	乙未 沙中金(사중금)	丙申 山下火(산하화)	丁酉 山下火(산하화)	戊戌 平地木(평지목)	己亥 平地木(평지목)	庚子 壁上土(벽상토)	辛丑 壁上土(벽상토)	壬寅 金箔金(금박금)	癸卯 金箔金(금박금)
甲辰 覆燈火(복등화)	乙巳 覆燈火(복등화)	丙午 天河水(천하수)	丁未 天河水(천하수)	戊申 大驛土(대역토)	己酉 大驛土(대역토)	庚戌 釵釧金(채천금)	辛亥 釵釧金(채천금)	壬子 桑柘木(상자목)	癸丑 桑柘木(상자목)
甲寅 大溪水(대계수)	乙卯 大溪水(대계수)	丙辰 沙中土(사중토)	丁巳 沙中土(사중토)	戊午 天上火(천상화)	己未 天上火(천상화)	庚申 石榴木(석류목)	辛酉 石榴木(석류목)	壬戌 大海水(대해수)	癸亥 大海水(대해수)

◎ 男木女火(木生火) : 부부 화합하고 자손이 번창하며 복록이 많아 평생 금의옥식으로 그리운 것을 모르리라. 오복도 오고 재앙이 가시며 만인이 숭상하리라.

(가령) 남자가 甲子生이라면 海中金(해중금)이 되고, 여자가 乙亥生이라면 山頭火(산두화)가 되어 男金女火가 된다. 그리고 남자 丙寅生、丁卯生이라면 火가 되고 여자 壬戌生이나 癸亥生이면 水가 되어 男火女水가 되니 다음장의 설명에서 男火女水를 찾아 보면 궁합의 길흉을 알 수 있는 것이 된다. 그러나 이것은 어디까지나 겉궁합인 外宮(외궁)에 해당함을 알아야 한다.
(음양전서를 참고하세요)

◎ 男木女水 (水生木) :: 부부 금실 지극하여 자손이 효도하고 친척이 화목하며 복록이 가득하여 평생에 길흉이 동반하나 부부 화목하여 생남 생여할 것이고 재산은 풍족하지는 못하여도 한평생 의식의 곤란은 받지 않을 것이다.

◎ 男木女木(兩木相合) :: 평생에 길흉이 동반하나 부부 화목하여 생남 생여할 것이고 재산은 풍족하지는 못하여도 한평생 의식의 곤란은 받지 않을 것이다.

◎ 男木女金 (金克木) :: 금이 목을 상극하니 부부 해로하기 어렵고 빈곤하며 서로 용서하며 사랑하라.

◎ 男木女土 (木剋土) :: 행복이 멀어지고 자손 불효하며 친척이 불화하여 패가 망신하리라.

◎ 男火女木 (木生火) :: 부부 화합하고 가정을 이루는 기본임을 명심하여 노력하여야 할 것이다. 재물은 늘어날 것이고, 벼슬은 높이 올라 공정한 처사로 대접 받으리라.

◎ 男火女土 (火生土) :: 부부 화합하고 입신양명하여 자손이 효도하리라. 재물이 풍족하니 만사 대길하리라.

◎ 男火女火(兩火相禍) :: 부와 권세가 함께하여 명성을 세상에 떨치니 만사 대길하리라. 길한 일보다 흉한 일이 많다. 화재 조심하라.

◎ 男火女水 (水剋火) :: 만사가 대흉하고 상처할 운도 있다. 일가 친척이 불화하고 재산도 없어지고 고달픈 삶이다. 그러나 지극한 부부화합이면 무엇이 두려울꼬.

◎ 男土女金 (火克金) :: 불덩이에 던진 눈뭉치 처럼 녹아버려 믿을 것이 없도다. 자손이 귀하며 삶이 어지러워 재앙이 끊일 날이 없으며 재물이 흩어지리라.

◎ 男土女金 (土生金) :: 부부 화합하고 자연스레 부귀하여 자손은 효자 효부로 어른을 잘 섬기니 생활은 윤택해지고 만사에 걱정 없고 백년 평화로운 삶을 살리라.

◎ 男土女火 (火生土) :: 부부 해로하며 자손이 창성하고 부귀공명이 함께하니 경제적으로 부유할 뿐 아니라 가정이 화목하고 근심이 없으니 백년회로 하리라.

◎ 男土女土(兩土相合) :: 자손이 창성하고 부귀 호사하리라. 금의옥식의 풍류객이 되어 큰 대궐집에 서 자연과 즐길 여유 있는 생활을 누리리라

◎ 男土女木 (木剋土) :: 부부 불화하고 또한 관재구설이 끊이지 않으며 가산이 탕진되고 평생을 근심하리라. 극진한 사랑으로 부부 화합을 한다면 극복 될 수도 있다.

◎ 男土女水 (土克水) :: 자손이 있더라도 동서로 흩어져 살 것이요, 부부 생이별하며, 패가망신 하리라. 부부가 서로 합심하여 노력하여야 할 것이다.

◎ 男金女水 (金生水) :: 부부합심하여 장수하고 부귀복록도 많아 큰 부자로 일생에 명망을 높이리라. 맏아들 양육에 특히 조심하라. 둘째는 장수한다.

◎ 男金女土 (土生金) :: 부귀공명 하고 자손이 번창하며, 사업이 대성하여 평생 근심이 없이 행복하게 일생을 보내리라.

◎ 男金女金(兩金相過) :: 부부 화합하면 자손이 창성하나, 부지런하고 노력하지 않는다면 생활이 어려울 것이다. 동기간 화목하면 패가 망신은 면하리라.

◎ 男金女木 (金克木) :: 만사 구설이 분분하여 자손에 불화를 초래하고 가산이 쇠퇴해진다.

◎ 男金女火 (火克金) :: 서로 믿는 마음을 길러서 평화를 유지한다면 만사 평탄하리라.

◎ 男水女火 (兩水相合) :: 부부 금실이 두터워 자손이 번창하고 부귀하여 일가 친척이 화목하니 만사 평탄하여 일평생 근심이 없으리라.

◎ 男水女水 (水剋火) :: 재산이 많아도 관리를 소홀히 해서 패가한다. 극진한 사랑으로 극복하라. 이별수 있고 자손의 양육이 힘들어 평생 근심하리라.

◎ 男水女火 (水剋火) :: 수 화 상극하니 부부간 불순하여 자손이 불효하고 친척이 불화하며 패가를 면하기 어렵다. 서로 관용의 미덕으로 사랑하면 모면하리라.

◎ 男水女土 (土克水) :: 토가 수를 상극하니 부부 금실에 금이 간다. 그리고 자손의 불효로 패가망신하니 불길한 궁합이다.

◎ 男水女金 (金生水) :: 부부 화합하고 부귀영화 하며, 자손은 창성하며 생활이 안정되어 백년해로 하리라.

◎ 男水女木 (水生木) :: 부부 화합하여 부와 명예가 따라 온다. 입신양명 하여 자손이 창성하니 평생 기쁜 일만 일어나는구나.

☯ 吉한 宮合 (길한 궁합)

◎ 申子辰生은 서로 좋아하므로 서로 만나면 자손이 많고 부부금실이 좋으리라.
◎ 巳酉丑生은 서로 만나면 부부가 출세하여 자손이 크게 성공하리라.
◎ 寅午戌生은 서로 만나면 가정에 화목과 친척간에 의리가 좋으리라.
◎ 亥卯未生은 서로 만나면 꾸준하게 가장이 공직생활을 하여 일생을 행복하게 산다.

(가령) 巳生이 酉生을 만나도 좋고, 丑生이 巳生과 결혼해도 좋으며, 寅生이 戌生과 만나도 좋으며 午生이 戌生과 만나도 부귀공명하게 된다는 것이다.

이 외에도 궁합법이 많이 있으나 이상과 같은 궁합이 결혼한다면 무사하리라고 본다.

☯ 結婚年 및 雁宮章 (결혼년 및 안궁장)

남자에 한하여 辰生이나 丑生이나 戌生 未生은 동일한 도표에서 보면 된다.

가령 辰年에 출생한 사람은 21세、24세、27세、30세、33세、36세、39세、42세에 결혼하면 대길하고 백련해로 하며 22세、25세、28세、31세、34세、37세、40세、43세에 결혼하면 자주 언쟁이 있어서 불길하며 23세、26세、29세、32세、35세、38세、41세、44세에 결혼하면 이별한다.

60페이지의 도표를 참고하시오.

남자 결혼의 연령	자오묘유 년생			남자 결혼의 연령	인신사해 년생			남자 결혼의 연령	진술축미 년생		
	대길	반길	이별		대길	반길	이별		대길	반길	이별
	20세	21세	22세		19세	20세	21세		21세	22세	23세
	23세	24세	25세		22세	23세	24세		24세	25세	26세
	26세	27세	28세		25세	26세	27세		27세	28세	29세
	29세	30세	31세		28세	29세	30세		30세	31세	32세
	32세	33세	34세		31세	32세	33세		33세	34세	35세
	35세	36세	37세		34세	35세	36세		36세	37세	38세
	38세	39세	40세		37세	38세	39세		39세	40세	41세
	41세	42세	43세		40세	41세	42세		42세	43세	44세
	44세 45세 46세 계속 이어진다.				43세 44세 45세 계속 이어진다.				45세 46세 47세 계속 이어진다.		

여자 결혼의 연령	자오묘유 년생			여자 결혼의 연령	인신사해 년생			여자 결혼의 연령	진술축미 년생		
	대길	반길	이별		대길	반길	이별		대길	반길	이별
	14세	15세	16세		13세	14세	15세		12세	13세	14세
	17세	18세	19세		16세	17세	18세		15세	16세	17세
	20세	21세	22세		19세	20세	21세		18세	19세	20세
	23세	24세	25세		22세	23세	24세		21세	22세	23세
	26세	27세	28세		25세	26세	27세		24세	25세	26세
	29세	30세	31세		28세	29세	30세		27세	28세	29세
	32세	33세	34세		31세	32세	33세		30세	31세	32세
	35세	36세	37세		34세	35세	36세		33세	34세	35세

☯ 女子 結婚 大凶月 (여자 결혼 대흉 월)

남자보다 여자의 결혼하는 운을 중요시 하여 본다. 여자는 한번 몸을 남자에게 빼앗기면 상처를 받는 것이라 할수 있다.
그러므로 여자를 중시하여 해석하는 것이다.

◎ 여자 子年生은 正月、二月의 결혼은 대흉。
◎ 여자 寅年生은 七月 결혼은 대흉이다。
◎ 여자 辰年生은 五月 결혼은 대흉이다。
◎ 여자 午年生은 八月、十月 결혼은 대흉。
◎ 여자 申年生은 六月、七月 결혼은 대흉。
◎ 여자 戌年生은 十二月 결혼은 대흉이다。
◎ 여자 丑年生은 四月 결혼은 대흉이다。
◎ 여자 卯年生은 十二月 결혼은 대흉이다。
◎ 여자 巳年生은 五月 결혼은 대흉이다。
◎ 여자 未年生은 六月、七月 결혼은 대흉이다。
◎ 여자 酉年生은 八月 결혼은 대흉이다。
◎ 여자 亥年生은 七月、八月 결혼은 대흉이다。

이상의 月에 결혼하면 과부되지 않으면 생이별하여 불행의 운명을 당할 것이다.

☯ 風波月法 (풍파월법)

결혼하면 풍파가 있으며 가정에 잔잔한 훈기가 없으며 태풍만 닥치는 가정이 된다.
남녀 공히 다음을 참고하시오.

◎ 子辰巳年 출생자는 五月 결혼이 불길하다。
◎ 寅卯午年 출생자는 十一月 결혼이 불길하다。
◎ 丑申酉年 출생자는 九月 결혼이 불길하다。
◎ 未戌亥年 출생자는 十二月 결혼이 불길하다。

결혼길흉월도

☯ 여자에 한하여 子년 출생한 사람이 六월이나 十二월에 결혼하면 대길하며、五월이나 十一월에 결혼하면 여자가 일찍 죽는다。

◎ 大利月(대리월) — 결혼을 하게 되면 만사가 길해지고 재산이 모여 부귀공명하게 된다。

◎ 中界月(중계월) — 중매 결혼이면 중매한 사람에게 해가 닥치고 연애결혼이면 길월이 된다。

◎ 翁姑月(옹고월) — 조부모에게 해가 되는 월이나、부모님이 모두 있다면 결혼하여도 무방하지만 만약 六十一세 이상의 노인이 집안에 있다면 결혼하면 그 노인이 피해를 본다

◎ 女敏月(여민월) — 친척 부모중에서 六十五세 이상의 노인이 있다면 결혼은 일에 참가하지 말아야 한다。만약 결혼하는데 만약 子년생의 여자가 四월이나 十월에 결혼하면 남편이 오면 그 노인이 사망한다。

◎ 夫主月(부주월) — 남편을 부주라 칭하는데 만약 子년생의 여자가 四월이나 十월에 결혼하면 남편이 사망한다。

◎ 女身月(여신월) — 巳년생이나 亥년생이 四월이나 十월에 결혼하면 신부 신상에 병이 생기거나 일찍 죽게 된다。

月 \ 年	子午년생	丑未년생	寅申년생	卯酉년생	辰戌년생	巳亥년생
대리월	六, 十二	五, 十一	二, 八	四, 十	三, 九	九, 三
중계월	一, 七	十二, 六	九, 三	六, 十二	十一, 五	八, 二
옹고월	二, 八	九, 三	十, 四	十一, 五	十二, 六	一, 七
여민월	三, 九	八, 二	十一, 五	十, 四	一, 七	六, 十二
부주월	四, 十	七, 一	十二, 六	九, 三	八, 二	五, 十一
여신월	五, 十一	六, 十二	一, 七	二, 八	三, 九	四, 十

이상으로 결혼년월까지 알았으니 다음은 결혼하는 일을 선택하여 보기로 한다。

☯ 생기, 복덕 보는 표

남녀 연령을 찾아 생기 복덕 천의 등 길일을 택하라

❓ 남자 보는 곳

생기 복덕 / 남자 나이	생기	천의	절체	유혼	화해	복덕	절명	귀혼
8 7 6 5 4 4 3 2 1 8 세 0 2 4 6 8 0 2 4 6	묘	유	자	오	미신	축인	술해	진사
8 7 6 5 5 4 3 2 1 9 세 1 3 5 7 9 1 3 5 7	축인	진사	술해	미신	오	묘	유	자
8 7 6 5 5 4 3 2 1 1 2 2 4 6 8 0 2 4 6 8 0	술해	축인	진사	자	유	미신	묘	오
8 7 6 5 5 4 3 2 1 1 3 3 5 7 9 1 3 5 7 9 1	유	오	미신	축인	자	술해	진사	묘
8 7 6 6 5 4 3 2 2 1 4 4 6 8 0 2 4 6 8 0 2	진사	미신	오	묘	축인	자	술해	유
8 7 6 6 5 4 3 2 2 1 5 5 7 9 1 3 5 7 9 1 3	미신	자	유	진사	술해	오	축인	묘
8 7 7 6 5 4 3 3 2 1 6 6 8 0 2 4 6 8 0 2 4	자	술해	묘	유	오	진사	미신	축인
8 7 7 6 5 4 3 3 2 1 7 7 9 1 3 5 7 9 1 3 5	오	묘	축인	술해	진사	유	자	미신

◎ 생기일 == 대길하니 매사에 길하다.
◎ 복덕일 == 대길하니 매사에 길하다.
◎ 천의일 == 대길하니 매사에 사용하라.
◎ 유혼일 == 나쁘지도 좋지도 않은 날이다.

❓ 여자 보는 곳

생기 복덕 / 여자 나이	生氣	天宜	絶體	遊魂	禍害	福德	絶命	歸魂
8 7 6 5 4 4 3 2 1 8 세 0 2 4 6 8 0 2 4 6	진사	축인	오	술해	유	묘	미신	자
8 7 6 5 4 4 3 2 1 9 2 1 3 5 7 9 1 3 5 7 세	유	묘	미신	자	진사	오	축인	술해
8 7 6 5 5 4 3 2 1 1 3 2 4 6 8 0 2 4 6 8 0	술해	오	축인	진사	자	미신	묘	유
8 7 6 5 5 4 3 2 1 1 4 3 5 7 9 1 3 5 7 9 1	축인	술해	자	오	묘	유	진사	미신
8 7 6 6 5 4 3 2 2 1 5 4 6 8 0 2 4 6 8 0 2	묘	유	자	축인	미신	술해	오	진사
8 7 6 6 5 4 3 2 2 1 6 5 7 9 1 3 5 7 9 1 3	미신	자	진사	유	술해	축인	오	묘
8 7 7 6 5 4 3 3 2 1 7 6 8 0 2 4 6 8 0 2 4	미신	술해	진사	묘	축인	오	유	자
8 7 7 6 5 4 3 3 2 1 7 9 1 3 5 7 9 1 3 5	미신	자	유	진사	오	묘	술해	축인

◎ 절체일 == 대흉하니 매사에 사용치 말라.
◎ 절명일 == 대흉하니 매사에 사용치 말라.
◎ 화해일 == 소흉하니 매사에 사용치 말라.
◎ 귀혼일 == 소흉하니 매사에 사용치 말라.

☯ 陽宅吉凶知法 (양택 길흉 지법)

1。 天干紀造吉年運見法 (천간 기조 길년운 견법)

◎ 子生 = 甲己丁壬戊癸년 길
◎ 卯生 = 乙庚丙辛丁壬戊癸년 길
◎ 午生 = 甲己乙庚丙辛丁壬戊癸년 길
◎ 酉生 = 甲己乙庚戊癸년 길

◎ 丑生 = 丙辛丁壬戊癸년 길
◎ 辰生 = 乙庚丙辛丁壬戊癸년 길
◎ 未生 = 甲己乙庚丙辛丁壬戊癸년 길
◎ 戌生 = 甲己乙庚戊癸년 길

◎ 寅生 = 丙辛丁壬戊癸년 길
◎ 巳生 = 甲己乙庚丙辛丁壬戊癸년 길
◎ 申生 = 甲己乙庚戊癸년 길
◎ 亥生 = 甲己丁壬戊癸년 길

(가령) 子년에 출생한 사람이나 亥년생이라면 甲子、甲午、甲寅、甲辰 등이나 己丑、己巳、己未 등 丁、壬、戊、癸년에 집을 지으면 길한 년이 되는데 어떠한 가정이라도 家主(가주)가 목표로 되어 다시 말하자면 호주의 띠로서 길하면서 삼살 즉 겁살、재살、세살이 되지 않아야 한다. 지지로서는 나쁘더라도 천간으로 길하면서 삼살 즉 겁살、재살、세살이 되지 않아야 한다. 지지와의 합이 되면 좋은 것이 된다. 즉 甲子년 출생자가 甲申년에 집을 지으면 子생이 申년이 되어 길한데 甲申년의 申자와 子생의 子자와 는 삼합이 되므로 길년이 되는 것이다.

2。 起造年月吉凶表 (기조 년월 길흉표)

吉 年				吉 月				死運 年
申子辰 生	亥卯未 生	寅午戌 生	巳酉丑 生	子丑寅卯	亥子丑寅	巳午未申	寅卯辰巳	辰巳午未
				亥子丑寅	巳午未申	寅卯辰巳	申酉戌亥	未申酉戌
				巳午未申	寅卯辰巳	申酉戌亥	亥子丑寅	戌亥子丑
				寅卯辰巳	申酉戌亥	亥子丑寅	巳午未申	丑寅卯辰

(가령) 申子辰년생이 亥子丑寅卯 年에 집을 지으면 좋고 申子辰年생이 辰巳午未년에 집을 지으면 흉하므로 申酉戌亥子 月에 지으면 더 길하다.

3. 十二支 立柱 凶年 (십이지 입주 흉년) = 집을 지으면 나쁜 해

출생년 \ 흉살	삼재 三災	태세입택 太歲入宅	명파 命破	겁살 劫殺	재살 災殺	천살 天殺	지살 地殺	묘파 墓破
巳酉丑生	亥子丑	寅午戌	未	寅	卯	辰	巳	丑
申子辰生	寅卯辰	巳酉丑	戌	巳	午	未	申	辰
亥卯未生	巳午未	申子辰	丑	申	酉	戌	亥	未
寅午戌生	申酉戌	亥卯未	辰	亥	子	丑	寅	戌

(가령) 巳酉丑 年生은 亥子丑 年은 삼재가 드는 해이니 집을 짓지 못하고 寅午戌은 태세 입택년 이므로 집을 짓지 못하며 未寅卯辰巳丑 등은 각 살이 있어서 나쁘다. 즉, 십이지중 살이 있는 년을 제외하고 보니 申과 酉의 두 개 년만 걸리는 것이 없으니 이 申酉年에서 선택하여 집을 짓는 것이 길하다고 본다.

4. 집수리 동토할 때 길한 날

집수리 동토할 때 길한 날 생기일, 복덕일, 월덕일 등의 날들은 가주와 관계되는 다던가 집의 수리, 방이나 부엌, 창고, 축사 등을 수리하던가 신축하는 일에 좋은 날이다. 특히 주의할 점은 대장군방이나 삼살방, 조객살방, 상문살방 등의 방위에서는 집을 수리하거나 신축하는 일은 절대로 피함이 좋다.

5. 定礎。入柱。上樑의 吉日 (정초。입주。상량의 길일)
禍害(화해)、絶命(절명)、絶體(절체) 일은 흉일이다.

甲子、乙丑、丙寅、己巳、庚午、辛未、癸酉、甲戌、乙亥、丙子、丁丑、庚子、壬寅、癸卯、丙午、丁未、癸丑、甲寅、癸未、甲申、丙戌、庚寅、壬辰、乙未、丁酉 등이다.

(가령) 甲子年生이 丙午日에 상량식을 하든가 입주를 한다면 丙午日이 일반적으로 무조건 좋은 날이기는 하지만 이 子年生은 좋은 날이 되지 못한다. 왜냐하면 丙午日의 午 자와 甲子生의 甲子가 子午冲이 되므로 좋지 않으니 충、파、해살에 걸리지 않는 날을 택일하여야 한다. 또 생기 복덕표에서 화해、절명、절체가 되는 날도 꼭 피해야 함도 잊어서는 안 될 일이다

6. 大通(대통) 한 집 坐向(좌향)

◎ 辰戌丑未年에는 寅、申、巳、亥、간(艮) 坤(곤)、乾(건) 巽(손) 좌향이 대길하다.
◎ 寅申巳亥年에는 子、午、卯、酉、壬、丙、甲、庚 좌향이 대길하다.
◎ 子午卯酉年에는 辰、戌、丑、未、乙、辛、癸、丁 좌향이 대길하다.

(가령) 辰年이나 戌年、丑年이나 未年에 집을 짓는다면 좌향은 寅坐 申向이거나 巳坐 亥向 또는 艮坐 坤向이 아니면 巽坐 乾向으로 집의 좌향을 앉히면 대길하고 부귀 공명하다고 본다. 다시 설명하자면 寅年이나 申年에 집을 짓는다면 子坐午向이나 卯坐壬向으로 앉히면 대길하다는 것이다.
다른 년도 마찬가지로 해석한다.

7. 金樓四角(금루사각) = 금루사각이란 成造(성조) 방위에 따라 각 궁마다 나이게 따라서 길흉이 다르니 다음의 표를 참고하기 바란다.

8세 18세 28세 38세 巽 48세 손 58세 68세 78세 88세	9세 19세 29세 39세 離 49세 이 59세 69세 79세 89세	10세 20세 30세 40세 坤 50세 곤 60세 70세 80세 90세
7세 17세 27세 37세 震 47세 진 57세 67세 77세 87세	중앙 中央 4세 5세 14,15세 24,25세 34,35세 44,45세 54,55세 64,65세 74,75세 84,85세	1세 11세 21세 31세 兌 41세 태 51세 61세 71세 81세
6세 16세 26세 36세 艮 46세 간 56세 66세 76세 86세	3세 13세 23세 33세 坎 43세 감 53세 63세 73세 83세	2세 12세 22세 32세 乾 42세 건 52세 62세 72세 82세

(해설) 乾艮巽坤宮의 짝수 즉、2、4、6、8、10 등의 나이에 집을 지으면 좋지 않고 兌坎震離宮 등의 홀수(기수) 즉、1、3、5、7、9 등의 나이에 집을 지으면 좋은 운으로 본다.

그러나 中央宮의 5、15、25、35、45、55、65、75、85 등의 홀수라 하더라도 집을 지을 운이 되지 못하니 유의하기를 바란다. 또한 사각법이라고 명칭을 붙이게 된 것은 앞의 도표 사각 즉、건、간、손、곤 궁에 해당하는 짝수의 나이에 집을 지을 운이 되지 못함을 나타낸 법칙을 말한 것이 사각법이라고 하였다.

8. 本命四角法(본명사각법)

앞의 金樓四角(금루사각)은 간단하게 설명하였으나 여기 본명사각법은 六親(육친)과의 길흉 등을 세밀하게 나타내고 있다.

본명사각법에서 길은 대길의 뜻이며 불리는 불길하니 집을 지으면 안된다는 뜻이며 잠사각、자사각은 본인이 나쁘다는 뜻이고 부모사각은 부모가 피해를 당하는 것이며, 처사각은 처에게 피해가 되어 처 사주에 흉신을 만날때는 사망하는 운이 되고, 우마사각에 가축의 집을 지으면 가축이 잘 되지 않고 피해를 입게 된다는 뜻이다. 도표는 다음장에 있습니다.

1세 妻子四角	2세 吉	3세 父母四角	4세 吉	5세 蠶四角	6세 自四角	7세 吉	8세 牛馬四角	9세 吉	10세 妻子四角
11세 길	12세 부모사각	13세 길	14세 자사각	15세 잠사각	16세 길	17세 우마사각	18세 길	19세 처자사각	20세 길
21세 부모사각	22세 길	23세 자사각	24세 길	25세 잠사각	26세 우마사각	27세 길	28세 처자사각	29세 길	30세 부모사각
31세 길	32세 자사각	33세 길	34세 우마사각	35세 잠사각	36세 길	37세 처자사각	38세 길	39세 부모사각	40세 길
41세 자사각	42세 길	43세 우마사각	44세 길	45세 잠사각	46세 처자사각	47세 길	48세 부모사각	49세 길	50세 잠사각
51세 자사각	52세 길	53세 우마사각	54세 길	55세 잠사각	56세 길	57세 길	58세 부모사각	59세 길	60세 자사각
61세 길	62세 길	63세 우마사각	64세 처자사각	65세 잠사각	66세 길	67세 길	68세 길	69세 자사각	70세 길
71세 우마사각	72세 길	73세 처자사각	74세 길	75세 잠사각	76세 부모사각	77세 길	78세 길	79세 길	80세 우마사각

9. 家屋新築墓事吉日 (가옥 신축 묘사 길일)

甲子、乙丑、丁卯、戊辰、庚午、辛未、己卯、辛巳、甲申、乙未、丁酉、己亥、丙午、丁未、壬子、癸丑、甲寅、乙卯、庚申、辛酉

(해설) 집을 짓기 위하여 터를 닦기 시작하는 날을 표에서 일진으로 선택하면 좋은데, 여기에서 참고할 것은 家主(가주)의 생년지와 沖(충)·破(파)·害(해)·形(형)이 되지 않은 날로 택일하여야 한다는 것이다.

10。 定礎吉日(정초길일)

갑자、 을축、 병인、 무진、 기사、 경오、 신미、 갑술、 을해、 무인、 기묘、 신사、 임오계미、 갑신、 정해、 무자、 기축、 경인、 계사、 을미、 정유、 무술、 기해、 경자、 임인계묘、 병오、 무신、 기유、 임자、 계축、 갑인、 을묘、 병진、 정사、 기미、 경신、 신유

(해설) 집을 지을 때 주춧돌을 놓을 때를 말하는데 현대에는 콘크리트로 집을 짓기 때문에 기초 콘크리트 치는 날로 정하면 된다. 주의할 점은 天賊日(천적일)、 鳶日(건일)、 破日(파일)은 불길한 날이므로 이 날들은 반드시 피해야 한다.

11。 竪柱吉日(수주길일)

병인、 기사、 을해、 기묘、 신사、 갑신、 을유、 무자、 기축、 경인、 을미、 기해、 신축、 계묘을사、 무신、 기유、 임자、 갑인、 기미、 경신、 임술、 황도、 천덕、 월덕、 성일、 개일。

(해설) 집을 지을 때 기둥을 세우는 길일을 택일 할 때의 길한 날들이다. 黃道(황도)、 天德(천덕) 月德(월덕)、 成日(성일)、 開日(개일) 등은 사주비전을 참고하기 바란다.

12。 上樑吉日(상량길일)

갑자、 을축、 정묘、 무진、 기사、 경오、 신미、 임신、 갑술、 무인、 무자、 경진、 임오、 갑신병술、 무자、 경인、 갑오、 병신、 정유、 무술、 기해、 경자、 신축、 임인、 계묘、 을사、 정미기유、 신해、 계축、 을묘、 정사、 기미、 신유、 계해

(해설) 위와 같은 일진에 상량을 해야 좋으며 아울러 천덕, 월덕, 성일, 개일 등의 날도 상량에 吉日들이다. 그리고 요즘에 들어서는 아파트나 빌딩 등의 고층 건물에 定礎(정초), 혹은 立柱(입주), 上樑(상량)에 年, 月, 日, 時 등을 써서 건물의 중앙 맨 위 천정에 걸고 건물의 골격을 마무리 한다.

◯ 上樑(상량) 쓰는 법 (龍 자는 거꾸로 쓴다)

龖	戊辰年五月四日 (陰三月十九日己未) 巳時竪柱上樑丑坐未向	應天之三光 備人間之五福	龜
용	무진년 5월 4일 (음 3월 19일 기미) 사시수주상량축좌미향	응천지삼광 비인간지오복	구

◯ 입주와 상량의 일시가 다를 경우에는 입주 일시와 상량 일시를 각기 따로 날자를 쓰고 입주, 상량을 같은날 다하게 되면 일시 다음에 수주상량이라고 이어 쓴다. 일시 다음에 좌향을 쓰고 그 다음에 덕담을 쓰며 上에는 龍(용)자를 거꾸로 쓰고 下에는 龜(구)자를 써서 위, 아래를 구별하게 된다.

◯ 조왕기도일

매월 초엿세, 십이일, 십팔일, 이십일일

이 날은 누구나 조왕신에게 기도하면 만복이 들어와서 부귀공명한다.

(조왕 제사 지내는 법)

팥을 넣고 떡을 찐 후, 삼색 과일과 세가지 나물(고추 가루는 넣지 않음)로 묻혀서 부뚜막 (조리대나 취사장)에 차려 놓고 제사를 지내는데 호주가 절을 하고 또는 식구 모두가 제사에 참석해서 절을 하는 것이 원칙인데 절은 3번 하는 것이 원칙이다.

☯ 佛供大通日 (불공대통일)

순서는 다음과 같은데 우선 분향(만세향 7개)하고 초를 켜놓는다. 기도가 끝나면 반드시 빈 그릇에 차려 놓은 여러 가지 음식을 조금씩 나누어 담아 대문 앞에 부어두든지 대문 옆에 부어 두었다가 가축에게 주면 된다.

매월

갑자일, 갑술일, 갑오일, 갑인일, 을축일, 을유일, 병인일, 병신일, 병진일, 정미일, 무인일, 무자일, 기축일, 경오일, 신묘일, 신유일, 계묘일, 계축일

위와 같은 날에 부처님께 기도 드리면 재수 대길하며 가정에 만복이 온다. 그리고 다른 날도 上存神(상존신)께 기도하면 만사 순탄하며 모든 악이 해소 된다고 본다.

☯ 山神祈禱日 (산신기도일)

매월

갑자일, 을해일, 을유일, 을묘일, 병자일, 병술일, 경술일, 신묘일, 임신일, 갑신일

◎ 기도 하는법

산에 들어가서 산신님에게 기도를 할려면 우선 기도 날을 받아야 하며 이렇게 날을 받은 후 15일간은 각종 고기를 먹지 말고 간음도 하지 말고 불길한(보기 흉측한 것)것 등은 보지 말며, 소금 한되를 가지고 가고 싶은 산에 가서 흰 백설기를 차려 놓거나 또는 에서 낚아 올린 게를 세되를 놓든지 하고, 세가지의 과일과 나물 등을 놓고 산신청을 한번만 읽고 암송하면 산신의 도움으로 소망이 성취 된다. 산신청은 종합불경 책에 있습니다.

71

☯ 水神祈禱日 (수신기도일)

매월

경오일, 신미일, 임신일, 계유일, 갑술일, 경자일, 신유일
집안에 물에 빠져 죽은 사람이 있으면 매년 일회씩 날을 받아서 물에 가서 제사드려주면 집안에 재수가 있다고 본다.
각종 물에 사는 어류 종류를 (다른 사람이 잡아온 것) 시장에서 살아 있는 것으로 사서 다시 물에 넣어주면 만사형통이 된다.

☯ 移徙不吉日 (이사불길일)

★ 좌향(방향)은 표지 내지 방위도 도표를 참고하세요.

삼살년	三殺方 = 방위	대장군방	상문살년	방향	조객살년	방향
신자진년 =	사오미방	남방	신유술년 =	남방	인묘진사오미신유술해자축	자축
사유축년 =	인묘진방	동방	사오미년 =	동방	인묘진사오미신유술해자축	인묘
인오술년 =	해자축방	북방	인묘진년 =	북방	사오미신유술해자축인묘	진사
해묘미년 =	신유술방	서방	해자축년 =	서방	자축인묘진사오미신유	술해

(해설)

삼살방 = 신, 자, 진년에는 남쪽 방향으로 이사하면 삼살을 맞아 이사를 하면 불길하다.
대장군방 = 사, 오, 미년에는 동쪽 방향으로 이사하면 대장군을 맞아 이사를 하면 불길하다.
상문살년 = 자년에는 寅방향(동북쪽)으로 이사하면 상문살을 맞아 이사를 하면 불길하다.
조객살년 = 자년에는 戌방향(서북쪽)으로 이사하면 조객살을 맞아 이사를 하면 불길하다.

☯ 移徙 吉日 (이사 길일)

이사 가면 누구나 길한 날이다. 호주와 생년 간지를 주동하여서 지지 합이 되는 날은 더욱 길하다. 그러나 호주의 생년 간지와 충, 파, 해가 되는 날은 흉하다.

	正月	二月	三月	四月	五月	六月	七月	八月	九月	十月	十一月	十二月
	9일	3일	4일	2일	7일	6일	9일	3일	4일	2일	7일	6일
	임진일	갑자일	병인일	계묘일	경신일	갑인일	경술일	을해일	갑오일	갑자일	갑인일	
	병진일	을축일	갑오일	경오일	정유일	갑오일	갑술일	을축일	갑신일	경진일	계축일	갑인일
	정미일	갑오일	기사일	병오일	갑인일	갑자일	병오일	갑자일	병오일	경진일	을미일	경인일
	신미일	을미일	임인일	기사일	삼신일	정유일	정유일	을해일	갑신일	무자일	정축일	정묘일
	갑자일		갑자일	경오일	경신일	정유일	경술일	갑자일		임오일	정축일	을미일
					갑자일	정유일	갑인일	계축일	갑오일	계미일	신미일	신해일
								병오일	갑신일	경진일	을미일	기해일

☯ 移徙 大凶日 (이사 대흉일) = 다음 표는 이사 택일에 대흉일이므로 월별로 이 날은 피하라.

日\月	1월	2월	3월	4월	5월	6월	7월	8월	9월	10월	11월	12월
受死日	술	진	해	사	자	오	축	미	인	신	묘	유
血支日	축	자	축	신	묘	오	미	오	유	술	해	자
財損日	사	인	묘	진	오	술	미	오	미	유	해	진
病死日	미	술	진	인	오	자	유	신	사	축	축	묘
萬凶日	인	오	유	사	오	묘	오	미	신	사	오	미

☯ 길한 궁합

申子辰생은 서로 좋아하므로 서로 만나면 자손이 많고 금실이 만족하게 된다.
巳酉丑생이 서로 만나면 남편 출세하고 자손이 크게 성공하며 행복하게 산다.
寅午戌생이 서로 만나면 가정에 화목과 친척간에 의리가 좋으며 행복하게 산다.
亥卯未생이 서로 만나면 항상 꾸준하게 생활하며 영원히 인생을 행복하게 산다.

☯ 開業 吉日 (개업 길일)

매월

갑자일、을축일、병인일、기사일、경오일、신미일、갑술일、병자일、기묘일
임오일、계미일、갑신일、경인일、신묘일、기해일、경자일、계묘일、병오일
임자일、갑인일、을묘일、을미일、경신일、신유일

회사나 학교 또는 요정、다방、식당、주류업、다과점 등 각종 업체를 개업하려면 이상과 같은 날을 택일하면 좋으며、특히 이상의 날은 누구나 다 좋은 날이지만 다음 사항은 피하여야 한다.

◎ 띠에 따라 피해야 할 개업 일

子생은 午일을 피하고、丑생은 未일을 피하고、寅생은 申일을 피하고
卯생은 酉일을 피하고、辰생은 戌일을 피하고、巳생은 亥일을 피하고
午생은 子일을 피하고、未생은 丑일을 피하고、申생은 寅일을 피하고
酉생은 卯일을 피하고、戌생은 辰일을 피하고、亥생은 巳일을 피하여
개업하여야 하며 그 외의 날은 평탄하리라.

☯ 각종 방위 도표

결혼 주당 보는 법				이사 주당 보는 법				안장 주당 보는 법			
姑	夫→	堂	翁	天	←利	害	殺	安→	災	師	
廚	婦↓	第	竈	安→			富	客	父→	婦	男 孫 死 女 母→

◎ 결혼 주당 보는 법

결혼 날을 선택하는 것인데 음력이 30일까지 있는 달은 큰 달이 되는데 앞의 도표에서 夫자로 시작하여 姑、堂、翁 순으로 순행하고, 음력이 29일까지 있는 작은 달은 婦로 시작하여 竈、第、翁 순으로 역행하여 날자를 계산하는데 좋은 날은 第、堂、廚、竈가 되는 날이고, 姑、翁은 평이고 夫、婦가 있는 날은 결혼하면 불길하다.

(예) 2020년 음력 6월 5일에 결혼하려고 하니 음력이 30일까지 있으니 큰 달이므로 夫자로 시작하여 2일은 姑、3일은 堂、4일은 翁、5일은 第가 되어 결혼하여도 좋다고 한다.

◎ 이사 주당 보는 법

이사 가는 날을 앞의 도표에서 安자가 있는 곳에서 시작하여 利→天→害→殺→富→師→災로 순행이 되는 달에는 天、富、師、安、利가 오는 날은 이사가면 길하고 殺、害、災가 오는 날은 이사 가면 불길하다. 작은 달은 天→利→安→災→師→富→殺→害로 순으로 간다.

(예) 2020년 음력 6월 5일에 이사를 가려고 날자를 보니 음력이 30일까지 있으니 大月이므로 1일은 安、2일은 利、3일은 天、4일은 害、5일은 殺이 오니 殺은 이사 가면 불길한 날이다.

◎ 안장주당 보는 법

안장일은 큰 달은 父에서 시작하여 男→孫→死→女→母→婦→客→父 순서로 순행이 되고 작은 달은 母→女→死→孫→男→婦→客→母로 안장일을 정하는데、부친 사망시에는 父자가 해당하는 날자에 안장을 하면 길하고, 모친 사망시에 母자가 있는 곳의 날자가 길한데 가령 孫자가 있는 손자는 안장 일에 나가 보지 않는 것이 좋으리라.

(예) 2020년 음력 6월 5일에 안장을 하려고 한다면 6월은 큰 달이므로 순행하여 보니 父→男→孫→死→女하여、女자가 있으니 이 날에 여자는 안장을 보면 흉하다는 것이다.

일년중 조심하는 일진과 관계

살명	1月	2월	3월	4월	5월	6월	7월	8월	9월	10월	11월	12월	음력 월별 불길 일
사격살	戌日	丑日	辰日	未日	戌日	丑日	辰日	未日	戌日	丑日	辰日	未日	출행 심한 운동 행군 등 불길
천사살	酉日	오일	묘일	자일	유일	오일	묘일	자일	유일	오일	묘일	자일	소송 취임식 출행 여행 등 불길
대살살	戌日	사일	오일	미일	인일	묘일	진일	해일	자일	축일	신일	유일	혼인 상량식 이사 원행 등 불길
오묘살	乙未日	음미일	무진일	병술일	병술일	신유일	신유일	무진일	임진일	임진일	신일	무진일	집수리 결혼식 원행 출타 등 불길
구공살	辰日	축일	술일	미일	진일	축일	유일	미일	진일	축일	술일	미일	창고건축 집수리 돈거래 불길
고초일	辰日	축일	술일	미일	묘일	자일	유일	오일	인일	해일	신일	사일	재수굿 기도 혼인 등 불길
장성살	7일	4일	6일	9일	15일	10일	8일	2일	4일	3일	17일	9일	혼인 부임식 안장 기도 등 불길
안성살	21일	19일	16일	25일	25일	21일	22일	18일 19일	16일 17일	14일	23일	25일	결혼 부임식 산신기도 등 불길
음착살	庚戌日	신유일	경신일	정미일	병오일	정사일	갑진일	기묘일	갑인일	계축일	계해일	유일	집건축 혼인 안장 기도 등 불길
양착살	甲寅日	을묘일	갑진일	정사일	병오일	정미일	경신일	신유일	경술일	임자일	계축일	계해일	집건축 혼인 안장 기도 등 불길
천화일	子日	묘일	오일	유일	자일	묘일	오일	유일	자일	묘일	오일	유일	주방수리 개축 집수리 등 불길
독화일	巳日	진일	묘일	인일	축일	자일	해일	술일	유일	신일	미일	오일	집 짓는 일이나 주방수리 불길
유화일	巳日	미일	해일	신일	사일	인일	해일	신일	사일	인일	해일	신일	침 맞지 말고 수술 및 약도 주의
혈기일	丑日	인일	묘일	신일	묘일	유일	진일	술일	사일	해일	오일	자일	살생을 말고 수술 및 침도 주의하라
혈지일	丑日	인일	묘일	진일	사일	오일	미일	신일	유일	술일	해일	자일	수혈 및 침 뜸 들을 하지 마라
빙소일	巳日	자일	축일	신일	묘일	술일	해일	오일	미일	인일	유일	진일	축대 담장 집 기둥을 세우지 말라
수격일	戌日	신일	오일	진일	인일	자일	술일	신일	오일	진일	인일	자일	배타지 말고 물을 조심하라

남자 여자 연령별 이사 방위도

☯ 가령 남자 55세 되는 사람이 동방, 동북방, 북방으로 이사를 가면 좋고 흉한 방위에 이사를 가면 불길하다. 중앙은 자기 집이다. 그러므로 길한 방위에 중앙이면 이사를 가지 않는 것이 좋고 흉한 방위에 중앙이면 이사를 가도 된다는 것이다. 그리고 삼살방이나 대장군 방향으로는 이사를 가면 불길하다. 집안의 가주만 이사 방위를 본다.

남자 연령별 이사 방위도

9세	8세	7세	6세	5세	4세	3세	2세	1세	음력나이
18	17	16	15	14	13	12	11	10	
27	26	25	24	23	22	21	20	19	
36	35	34	33	32	31	30	29	28	
45	44	43	42	41	40	39	38	37	
54	53	52	51	50	49	48	47	46	
63	62	61	60	59	58	57	56	55	
72	71	70	69	68	67	66	65	64	
81	80	79	78	77	76	75	74	73	
90	89	88	87	86	85	84	83	82	
99	98	97	96	95	94	93	92	91	이사방위
동남	중앙	서북	서방	동북	남방	북방	서남	동방	천록방吉
중앙	서북	서방	동북	남방	북방	서남	동방	동남	안손방凶
서북	서방	동북	남방	북방	서남	동방	동남	중앙	식신방吉
서방	동북	남방	북방	서남	동방	동남	중앙	서북	징파방凶
동북	남방	북방	서남	동방	동남	중앙	서북	서방	오귀방凶
남방	북방	서남	동방	동남	중앙	서북	서방	동북	합식방吉
북방	서남	동방	동남	중앙	서북	서방	동북	남방	진귀방凶
서남	동방	동남	중앙	서북	서방	동북	남방	북방	관인방吉
동방	동남	중앙	서북	서방	동북	남방	북방	서남	퇴식방凶

☯ 一천록(天祿) = 관록과 재산이 생기는 방위
◉ 二안손(眼損) = 손재와 눈병이 생기는 방위
☯ 三식신(食神) = 재물이 늘어 나는 방위
◉ 四징파(徵破) = 도적 등 손재를 보는 방위
◉ 五오귀(五鬼) = 집안에 질병이 많은 방위

여자 연령별 이사 방위도

9세	8세	7세	6세	5세	4세	3세	2세	1세	음력나이
18	17	16	15	14	13	12	11	10	
27	26	25	24	23	22	21	20	19	
36	35	34	33	32	31	30	29	28	
45	44	43	42	41	40	39	38	37	
54	53	52	51	50	49	48	47	46	
63	62	61	60	59	58	57	56	55	
72	71	70	69	68	67	66	65	64	
81	80	79	78	77	76	75	74	73	
90	89	88	87	86	85	84	83	82	
99	98	97	96	95	94	93	92	91	이사방위
중앙	서북	서방	동북	남방	북방	서남	동방	동남	천록방吉
서북	서방	동북	남방	북방	서남	동방	동남	중앙	안손방凶
서방	동북	남방	북방	서남	동방	동남	중앙	서북	식신방吉
동북	남방	북방	서남	동방	동남	중앙	서북	서방	징파방凶
남방	북방	서남	동방	동남	중앙	서북	서방	동북	오귀방凶
북방	서남	동방	동남	중앙	서북	서방	동북	남방	합식방吉
서남	동방	동남	중앙	서북	서방	동북	남방	북방	진귀방凶
동방	동남	중앙	서북	서방	동북	남방	북방	서남	관인방吉
동남	중앙	서북	서방	동북	남방	북방	서남	동방	퇴식방凶

☯ 六합식(合食) = 재물이 늘어 나는 방위
◉ 七진귀(進鬼) = 관재구설 송사가 있는 방위
◉ 八관인(官印) = 승진, 합격 등 재수가 있는 방위
◉ 九퇴식(退食) = 손재, 부부 불화하는 방위

※ 풍수 상식 (이장 문제)

1. 이장(移葬) 못하는 年은 망인의 년지, 즉 띠로써 보는데
   申, 子, 辰년 생이라면 신, 자, 진년에는 이장을 못하고
   亥, 卯, 未년 생이라면 해, 묘, 미년에는 이장을 못하고
   巳, 酉, 丑년 생이라면 사, 유, 축년에는 이장을 못하고
   寅, 午, 戌년 생이라면 인, 오, 술년에는 이장을 못한다.

2. 이장 못하는 일에 이장을 하면 3년 내에 자손이 망한다.

1월 = 申일	2월 = 酉일	3월 = 戌일	4월 = 亥일
5월 = 子일	6월 = 丑일	7월 = 寅일	8월 = 卯일
9월 = 辰일	10월 = 巳일	11월 = 午일	12월 = 未일

3. 이장 못하는 월이 있는데 이 날을 지중 백호살이라고 하는데 이장하면 자손이 피를 흘리는 날이다.

子, 午년 = 2월, 8월 大凶	丑, 未년 = 3월, 9월 대흉
寅, 申년 = 4월, 10월 대흉	卯, 酉년 = 1월, 7월 대흉
辰, 戌년 = 6월, 12월 대흉	巳, 亥년 = 5월, 11월 대흉

4. 子, 午, 卯, 酉년에는 壬, 癸 일에 이장하면 장자(長子)가 망한다.
   寅, 申, 巳, 亥년에는 丙,丁,戊,己,庚,辛 일에 이장하면 집이 망한다.
   辰, 戌, 丑, 未년에는 甲, 乙 일에 이장하면 남자나 처가 망한다.
   子, 午, 卯, 酉년생이 辰, 戌, 丑, 未년에 이장하면 7년내 망한다.
   寅, 申, 巳, 亥년생인 장손이 子, 午, 卯, 酉년에 이장하면 5년내에 자손이 망한다.
   辰, 戌, 丑, 未년생이 寅, 申, 巳, 亥년에 이장하면 9년내에 자손이 망한다.

5. 혈을 정하는 순서는 산의 형세와 수구(水口)의 흐르는 위치와 청룡 백호가 뚜렷하고 높지도 않고 낮지도 않은 조건의 맥을 살려서 정혈을 찾아낸 뒤 방향을 정하고 깊이를 정한 후 땅을 파는 것이 순서임을 명심하기 바랍니다
   (풍수지산록, 풍수비결 책에 자세히 나와 있습니다.)

6. 망인(亡人)의 무덤에 못 쓰는 좌(坐)이며 대흉(大凶)좌이다.
   자축(子丑)생은 갑신(甲申)좌로 머리를 두면 자손이 흉하다.
   인묘(寅卯)생은 계묘유(癸卯酉)좌로 머리를 두면 3년 내 대흉한다.
   진(辰)생은 유신(酉申)좌로 머리를 두면 3년 내 흉하다.
   사(巳)생은 인술(寅戌)좌로 머리를 두면 소흉하다.
   오(午)생은 간(艮)좌로 머리를 두면 자손에게 해를 끼친다.
   미(未)생은 신(申)좌로 머리를 두면 후손이 불길하다.
   신(申)생은 간병(艮丙)좌, 巳酉丑좌로 머리를 두면 자손이 흉하다.
   유(酉)생은 오술(午戌)좌로 머리를 두면 자손이 흉하다.
   술(戌)생은 묘(卯)좌로 머리를 두면 자손이 흉하다.
   해(亥)생은 축(丑)좌로 머리를 두면 자손이 흉하다.

7. 묘를 쓰면 장사 후 20일 이내에 사람이 사망하는 좌향(坐向)
   子, 午년에는 경유신(庚酉辛)좌로 묘를 쓰지 못한다.
   丑, 未년에는 갑묘을(甲卯乙)좌로 묘를 쓰지 못한다.
   寅, 申년에는 술건해(戌乾亥)좌로 묘를 쓰지 못한다.
   卯, 酉년에는 진손사(辰巽巳)좌로 묘를 쓰지 못한다.
   辰, 戌년에는 축간인(丑艮寅)좌로 묘를 쓰지 못한다.
   巳, 亥년에는 미곤신(未坤申)좌로 묘를 쓰지 못한다.

8. 머리를 두면 흉한 입수(入首) 좌향
   계축(癸丑)방으로 머리를 두면 흉하다.
   신술(辛戌) 입수 건해(乾亥)좌는 재산 실패한다.
   손사(巽巳) 입수 병오(丙午)좌는 흉하다.
   축(丑)방 입수 간(艮)좌는 불길하다.

9. 입수 대길 좌(入首 大吉 坐) (풍수지산록 책 참조)

甲 入首 艮,寅 좌	庚 입수 坤,酉 좌	寅 입수 艮,寅 좌	巽 입수 坤,乙 좌
乙 입수 艮,卯 좌	辛 입수 坤,酉 좌	卯 입수 甲乙癸	酉 입수 坤,亥 좌
丙 입수 甲乙坤 좌	壬 입수 子艮辛 좌	辰 입수 艮,巽 좌	戌 입수 辛 좌
丁 입수 巳,坤 좌	癸 입수 子,艮 좌	巳 입수 巳 좌	亥 입수 壬癸丑酉乾
乾 입수 辛 좌	子 입수 艮 좌	午 입수 丙,丁 좌	艮 입수 癸壬甲卯亥
坤 입수 丁 좌	丑 입수 壬 좌	未 입수 坤 좌	申 입수 丁 좌

※ 사무실 책상의 좋은 좌향표

 표를 보는 법은 갑자년 생은 동남쪽에서 서북향을 향해서 앉도록 배치하면 좋은 위치라고 하고 재수가 있다. 출생년이 계해년 생이라면 서남쪽에서 동북향을 향해서 앉으면 좋다는 것이다

출생년	갑자생	갑술생	갑신생	갑오생	갑진생	갑인생
좌　향	동남좌 서북향	동남좌 서북향	동남좌 서북향	동남좌 서북향	동남좌 서북향	동남좌 서북향
출생년	을축생	을해생	을유생	을미생	을사생	을묘생
좌　향	동남좌 서북향	동남좌 서북향	동남좌 서북향	동남좌 서북향	동남좌 서북향	동남좌 서북향
출생년	병인생	병자생	병술생	병신생	병오생	병진생
좌　향	정서좌 정동향	정서좌 정동향	정서좌 정동향	정서좌 정동향	정서좌 정동향	정서좌 정동향
출생년	정묘생	정축생	정해생	정유생	정미생	정사생
좌　향	정서좌 정동향	정서좌 정동향	정서좌 정동향	정서좌 정동향	서북좌 동남향	정서좌 정동향
출생년	무진생	무인생	무자생	무술생	무신생	무오생
좌　향	정북좌 정남향	정동좌 정서향	정북좌 정남향	정북좌 정남향	정북좌 정남향	정북좌 정남향
출생년	기사생	기묘생	기축생	기해생	기유생	기미생
좌　향	정북좌 정남향	정북좌 정남향	정북좌 정남향	정북좌 정남향	정북좌 정남향	정북좌 정남향
출생년	경오생	경진생	경인생	경자생	경술생	경신생
좌　향	정동좌 정서향	정동좌 정서향	정동좌 정서향	정동좌 정서향	정동좌 정서향	정동좌 정서향
출생년	신미생	신사생	신묘생	신축생	신해생	신유생
좌　향	정남좌 정북향	정남좌 정북향	정동좌 정서향	정동좌 정서향	정동좌 정서향	정동좌 정서향
출생년	임신생	임오생	임진생	임인생	임자생	임술생
좌　향	정남좌 정북향	정남좌 정북향	정남좌 정북향	정남좌 정북향	동남좌 서북향	정남좌 정북향
출생년	계유생	계미생	계사생	계묘생	계축생	계해생
좌　향	정남좌 정북향	정남좌 정북향	정남좌 정북향	정남좌 정북향	정남좌 정북향	서남좌 동북향

※ 출생한 띠 (12지지)로 보는 주택 좌향의 길흉 방위

쥐 띠 (子年生)	* 북향집은 자손에게 불리하며 재수 없는 좌향이다. * 동향집, 서향집, 남향집은 대길의 좌향이다.
소 띠 (丑年生)	* 서향집, 북향집은 가산 탕진되고 재수 없는 좌향이다. * 동향집, 남향집은 대길의 좌향이다.
범 띠 (寅年生)	* 남향집은 좌향이 맞지 않고 동향집은 불길하다. * 서향집, 북향집은 대길의 좌향이다.
토끼띠 (卯年生)	* 동향집은 재수도 없고 우환이 많은 불길한 좌향이다. * 서향집, 남향집, 북향집은 대길의 좌향이다.
용 띠 (辰年生)	* 북향집은 대흉 방이다. * 동향집, 서향집, 남향집은 모두 대길의 좌향이다.
뱀 띠 (巳年生)	* 동향집, 서향집은 대흉 방이다. * 남향집, 북향집은 대길의 좌향이다.
말 띠 (午年生)	* 남향집은 대흉의 좌향이다. * 동향집, 서향집, 북향집은 대길의 좌향이다.
양 띠 (未年生)	* 동향집은 불길한 좌향이다. * 서향집, 남향집, 북향집은 대길의 좌향이다.
원숭이띠 (申年生)	* 북향집은 불길한 좌향이다. * 동향집, 서향집, 남향집은 대길의 좌향이다.
닭 띠 (酉年生)	* 서향집은 불길한 좌향이다. * 동향집, 남향집, 북향집은 대길의 좌향이다.
개 띠 (戌年生)	* 남향집은 불길한 좌향이다. * 동향집, 서향집, 북향집은 대길의 좌향이다.
돼지띠 (亥年生)	* 동향집은 불길한 좌향이다. * 서향집, 남향집, 북향집은 대길의 좌향이다.

☯ 十二神(십이신)의 배치 및 해설

십이신은 행사의 길, 흉 일을 택일하는데 활용되며 음력 정월은 입춘일이 지나서 첫 번째 寅일이 建이 되며 卯일은 除가 되며 辰일은 滿이 된다.
음력 2월은 경칩이 지나서 첫 번째 卯일이 建이 되며 辰일은 除가 된다.

십이신 월별	건 建	제 除	만 滿	평 平	정 定	집 執	파 破	위 危	성 成	수 收	개 開	폐 閉
1월 (立春 後)	인	묘	진	사	오	미	신	유	술	해	자	축
2월 (驚蟄 後)	묘	진	사	오	미	신	유	술	해	자	축	인
3월 (淸明 後)	진	사	오	미	신	유	술	해	자	축	인	묘
4월 (立夏 後)	사	오	미	신	유	술	해	자	축	인	묘	진
5월 (芒種 後)	오	미	신	유	술	해	자	축	인	묘	진	사
6월 (小暑 後)	미	신	유	술	해	자	축	인	묘	진	사	오
7월 (立秋 後)	신	유	술	해	자	축	인	묘	진	사	오	미
8월 (白露 後)	유	술	해	자	축	인	묘	진	사	오	미	신
9월 (寒露 後)	술	해	자	축	인	묘	진	사	오	미	신	유
10월 (立冬 後)	해	자	축	인	묘	진	사	오	미	신	유	술
11월 (大雪 後)	자	축	인	묘	진	사	오	미	신	유	술	해
12월 (小寒 後)	축	인	묘	진	사	오	미	신	유	술	해	자

★ 해설
◎ 건 = 입주, 상량, 출행, 교역은 길하고 동토, 안장, 승선은 불길.
◎ 제 = 목욕, 제사, 교역은 길하고 구직, 이사는 불길하다.
◎ 만 = 제사, 혼인, 출행은 길하고 동토, 입주, 이사는 불길하다.
◎ 평 = 혼인, 이사, 토지거래, 제사는 길하고 파종은 불길하다.
◎ 정 = 제사, 결혼, 안장은 길하고 송사, 출행은 불길하다.
◎ 집 = 혼인, 개업, 안장은 길하고 출행, 이사는 불길하다.
◎ 파 = 집 개조는 길하나 매사 불길하다.
◎ 위 = 제사는 길하나 매사 불길하다. 특히 승선을 주의하라.
◎ 성 = 혼인, 여행, 제사는 길하고 소송이나 송사는 불길하다.
◎ 수 = 입학, 혼인은 길하고 출행, 안장은 불길하다.
◎ 개 = 혼인, 출행, 개업은 길하고 안장은 불길하다.
◎ 폐 = 제사, 안장은 길하고 출행, 이사는 불길하다.

※찾아온 고객이 무엇 때문에 왔는지 아는 법

문의 하러온 날의 일진과 문의 하러온 사람의 나이로 알수 있다.							子日	丑일	寅일	卯일	辰일	巳일	午일	未일	申일	酉일	戌일	亥日
	6	18	30	42	54	66	78	90	午	未	申	酉	戌	亥	子	丑	寅	卯	辰	巳
	7	19	31	43	55	67	79	91	未	신	유	술	해	자	축	인	묘	진	사	오
	8	20	32	44	56	68	80	92	申	유	술	해	자	축	인	묘	진	사	오	미
	9	21	33	45	57	69	81	93	酉	술	해	자	축	인	묘	진	사	오	미	신
	10	22	34	46	58	70	82	94	戌	해	자	축	인	묘	진	사	오	미	신	유
	11	23	35	47	59	71	83	95	亥	자	축	인	묘	진	사	오	미	신	유	술
	12	24	36	48	60	72	84	96	子	축	인	묘	진	사	오	미	신	유	술	해
1	13	25	37	49	61	73	85	97	丑	인	묘	진	사	오	미	신	유	술	해	자
2	14	26	38	50	62	74	86	98	寅	묘	진	사	오	미	신	유	술	해	자	축
3	15	27	39	51	63	75	87	99	卯	진	사	오	미	신	유	술	해	자	축	인
4	16	28	40	52	64	76	88	100	辰	사	오	미	신	유	술	해	자	축	인	묘
5	17	29	41	53	65	77	89	101	巳	오	미	신	유	술	해	자	축	인	묘	진

※ 보는법 : 6세, 18세, 30세, 42세, 54세, 66세, 78세, 90살이 되는 사람이
亥일에 문의하러 왔다면 巳괘가 되는데 巳괘가 되는 사람은 젊은
사람은 애정문제, 부부이별 등의 일로 왔고 나이 드신 분들은 사업
시작, 직업 변동 등으로 왔다고 보는 것이다.

(해설)
子卦 : 결판을 낼까 하는데 성공, 실패 문의차 왔다. 결판이란 언쟁, 송사 등이다.
丑卦 : 사업변동 혹은 가출한 사람이 언제 오겠는가, 또는 직장 관계로 왔다.
寅卦 : 현재 일이 풀리지 않아서 직업 변동의 문제로 왔고, 재수 없다고 왔다.
卯卦 : 이동수 있는지, 또는 이별, 이혼, 가출 문제 등이 궁금하여 왔다고 본다.
辰卦 : 이성문제, 직장, 사업, 결혼 등의 길흉 문제로 왔다고 보고 감정에 임하라.
巳卦 : 부부이별, 직업변동, 삼각관계, 혹은 재수 없어서 왔다고 보고 감정하라.
午卦 : 돈이나 이성문제로 문의하러 왔든지 남자는 여자 문제가 있다고 참고할 것.
未卦 : 취직문제, 부부문제, 금전 근심 문제로 왔다고 감정에 임하라.
申卦 : 애정문제, 혹은 이별문제로 논의차 왔는데 사업문제도 해당이 된다.
酉卦 : 사업문제, 혹은 취직이나 부업 관계의 길흉 문의로 왔다고 본다.
戌卦 : 사업문제, 혹은 이사문제로 감정하러 왔다고 보기도 한다.
亥卦 : 출장, 여행, 이민, 이별 문제, 또는 가출 문제로 왔다고 본다.
☯ 그러나 여러 가지 직업이 많은 현대에는 다른 문제도 있으니 참고하시기 바랍니다.

⊙ 各 神殺로 1년 동안 참고할 일

(1) 병부살이란 무엇인가 ?

年支	子	丑	寅	卯	辰	巳	午	未	申	酉	戌	亥
병부살	亥	子	丑	寅	卯	辰	巳	午	未	申	酉	戌
사부살	巳	午	未	申	酉	戌	亥	子	丑	寅	卯	辰

금년 진년은 묘일이 병부살 인데 어느 달이라도 금년 묘일은 혼인, 이사, 산신 기도 등을 주의하라. 만약 주의하지 않으면 집안에 질병이 오고 재앙도 오며 재수가 없어 허덕이게 되는 살이다.

(2) 사부살이란 무엇인가 ? (병부살 아래 도표 참조)

안장이나 물물 교역 개업 등을 하면 재수 없어서 고생하게 되고 혹은 몸에 질병이 침범 하여 크게 고생하게 되는 살이다.

(3) 백호살이란 무엇인가 ?

1년 중에 백호살이 되는 날자가 있는데 금년 진년에는 자일이 백호살이 되는데 백호살이 되는 날에는 건축, 집수리, 혼인 등을 하면 반드시 교통사고를 당하든지 질병이 침범하여 상액을 당할수도 있으니 금년 자일에는 집에 관해서는 절대로 손을 대지 말아야 한다.

그리고 진일에는 자방 즉 북쪽에 흙칠을 하든지 못치는 일, 집수리 등을 하면 필히 7일 내로 집안에 환자가 생기리라.

(4) 상문살이란 무엇인가 ?

상문살이란 살도 무서우니 주의하여 보기 바랍니다.

진년에 오일에는 상가집에 가지 말아야 한다. 만약 상가집에 가면 집에 환자가 생겨서 상을 당할수 있다고 하니 주의가 필요하고 특히 진일에는 오방 즉 남방에 신을 모시든지 벽을 다루면 상문살이 동하여 환자가 생기니 주의하라.

(5) 조객살(弔客殺)이란 무엇인가 ?

조객살이란 진년에 인일(日)이 조객살이 되는데 인일에 집수리, 공장 개업, 건축 등을 하면 근친(近親) 중에서 문상(門喪)을 갈 일이 발생한다는 무서운 살이며 상문살과 같은 운로를 갖게 되는데 특히 진일(日)에 인방(方) (동북쪽)으로 신당을 모시면 반드시 병자(病者)가 발생하니 주의하여야 한다.

(6) 월기일(月忌日)이란 무엇인가 ?

매월(每月) 음력(陰曆)으로 초(初) 5일, 14일, 23일은 혼인, 원행, 연회, 성형수술, 등을 하면 결과(結果)가 좋지 않게 되고 후회하게 된다는 날이니 주의하라. 이날 혼인하면 부부 이별한다고 하는데 본인과 육합(六合)이 되는 날에는 무관(無觀)하여 만사 평안하다. 인일(寅)이나 묘일(卯)에는 살이 작용을 못한다. 초 3일도 혼인, 원행 등을 하지 않는 것이 좋다고 하지만 육합(六合)이 되는 날에는 무관(無觀)하다. (육합은 지지합을 말한다. 자축합(子丑) 인해합(寅亥) 등)

(7) 천구일(天狗日)이란 무엇인가 ?

월별	1월	2월	3월	4월	5월	6월	7월	8월	9월	10월	11월	12월
천구	자	축	인	묘	진	사	오	미	신	유	술	해

1월에는 자일(子日)이 천구일이고, 2월에는 축일(丑日)이 천구(天狗)일이 되는 것이다.
천구(天狗)일은 제사(祭祀), 고사(告祀), 불공(佛供)드리는 것을 조심하는 날이다.

(8) 태세방(太歲方)이란 무엇인가 ?

년지	자	축	인	묘	진	사	오	미	신	유	술	해
태세	자	축	인	묘	진	사	오	미	신	유	술	해

진년(年)에는 진일(日)이 태세가 되는데 진일(日)에는 건축, 원행, 이사, 혼인 등을 하지 않는 것이 길하며, 진일(日)에 진방(方)으로 이사를 가든지 돈을 구하러 가면 되지 않으며 혼인(婚姻)하면 이별하게 되는 나쁜 날이니 주의하라. 담장을 쌓거나 화장실이나 창고(倉庫)를 수리하면 불길한 날이다.

(9) 세파란 무엇인가 ?

진년에는 술일이 세파일인데 이 날은 집수리, 땅 파는 일 등을 나쁘다고 하는데 주로 이사, 혼인 등을 하지 말아야 하며 진일에 술방(동북쪽)으로 이사를 가는 일도 없어야 하는데 이사하면 하는 일이 실패하고 불상사가 발생하니 주의하여야 한다.

(10) 오귀방이란 무엇인가 ?

진년에는 자방 즉 북방을 오귀 팔패방이라고 하는데 오귀방에 집수리, 동토, 집 짓는 일 등을 하면 반드시 질병이 침범하여 죽을수도 있는 방위니 진일에는 자방을 절대로 범하지 않는 것이 좋을 것이다. 그런데 방위를 말하면 삼살방에 탈이 나면 사람이 죽는다고 하였고 대장군방을 범하면 가족중에 환자가 나타난다고 하였고 조객방이나 상문방을 범하면 집안에 환자가 발생한다고 하는 것이니 참고하여 주의하여야 손해를 보는 일이 없음을 참고하기 바란다.

(11) 월형일, 월해일, 월염일, 염대일이란 무엇인가 ?

월형일, 월해일, 월염일, 염대일에 혼인하면 부부간 형을 받아서 이혼하며 또는 사별하게 되는 살이니 혼인을 하지 못하는 날이니 필히 이날은 정해주지 않는 것이 좋을 것이다.

월 일	1月	2月	3月	4月	5月	6月	7月	8月	9月	10月	11月	12月
월형	巳日	子日	辰日	申日	午日	丑日	寅日	酉日	未日	亥日	卯日	戌日
월해	巳日	辰日	卯日	寅日	丑日	子日	亥日	戌日	酉日	申日	未日	午日
월염	戌日	酉日	申日	未日	午日	巳日	辰日	卯日	寅日	丑日	子日	亥日
염대	辰日	卯日	寅日	丑日	子日	亥日	戌日	酉日	申日	未日	午日	巳日

☯ 대정수 산출법

대정수는 운명, 즉 사주가 지니고 있는 숫자를 사용하는 것이며 특히 "영통신서"에서 매년 매월의 운, 평생의 운, 1년 신수를 볼 때에도 사용하는 것이며 사주 팔자를 대정수로 만들어 육효점을 보는 것이다.

선천수 先天數	甲, 己, 子, 午 = 9		乙, 庚, 丑, 未 = 8		丙, 辛, 寅, 申 = 7	
	丁, 壬, 卯, 酉 = 6		戊, 癸, 辰, 戌 = 5		巳, 亥 = 4	
후천수 後天數	甲,	寅 = 3	乙,	卯 = 8	丙,	午 = 7
	丁,	巳 = 2	戊, 辰, 戌 = 5		己 = 100	
	丑,	未 =10	庚,	申 = 9	辛,	酉 = 4
	壬,	子 = 1	癸,	亥 = 6		
후천변수 後天變數	1 변 7		2 변 2		3 변 6	
	4 변 3		5 변 4		6 변 5	
	7 변 7		8 변 8		9 변 1	

※ 가령 사주가 1965년 음력 7월 21일 亥시 일 때 대정수 계산법
   영통신서 9페이지에서 乙巳년=82, 甲申월=55, 癸卯일=178
                 癸亥시=966이 나오니 합하면 1281이 나온다.

1. 선천수 계산법

月主 日主 時主 세기둥만 선천수를 적용하고 年主는 적용하지 않는다. 월주, 일주, 시주에 선천수를 붙이고 월주 선천수 합계 16는 그대로 쓰고 일주는 10을 곱한 110을 쓰고 시주는 합계 9에 100을 곱해서 900을 쓴다. 그러므로 16+110+900=1026을 대정수 선천수로 쓴다.

2. 후천수 계산법

후천수는 사주 네기둥을 모두 적용한다.
천간에는 후천수에 10을 곱하고 지지는 그대로 쓴다. (아래 후천수 계산법 도표 참조) 후천수 합계를 모두 더하니 255가 후천수이다.
선천수 1026과 후천수 255를 더하니 1281이 나오는데 가운데 28을 후천 변수표에 대조하니 그대로 28괘이고 합한수 1281을 6으로 나누고 남은수 3이 효동이 되니 영통신서에서 28괘의 3효동을 보면 되는 것입니다.

1. 선천수 계산법	사주	선천수	선천수	합계	2. 후천수 계산법	후천수	후천수	합계
	乙巳	년주는 적용 안한다				8=80	2	82
	甲申	9	7	16		3=30	9	39
	癸卯	5	6	11		6=60	8	68
	癸亥	5	4	9		6=60	6	66

※ 토왕용사

입춘, 입하, 입추, 입동의 절기가 드는 날의 그 전날부터 거꾸로 계산하여 18일째 되는 날이며, 토왕지절 이란 土의 기운이 왕성하다는 절기이다. 오행설은 목, 화, 토, 금, 수인 다섯 개의 소멸과 성장에 따라서 천지만물이 변한다는 것이 그 근본사상인데 이것을 4계절에 적용한다. 봄에는 새싹이 트고 발육이 왕성하기 때문에 木을, 여름은 뜨거우므로 火를, 가을은 서리 맞은 쇠와 같이 차가우므로 金을, 겨울은 서리와 눈으로 인한 물기가 왕성하기 때문에 水를 배당한다. 따라서 土만 남게 되는데 4계절에 土의 기운만이 빠질 수는 없으므로 입춘, 입하, 입추, 입동의 각 계절의 18일간을 떼어 내어 토를 배당한다. 따라서 이 72일이 토에 해당하며 그 일수는 1년에 약 1/5에 해당한다. 예로부터 이 날에 흙일을 하면 해롭다고 전해져 오고 있는데 흙의 기운이 가장 왕성한 날이라고 한다. 택일력에는 각 계절의 끝의 18일간 즉 토왕지절의 초일에 토왕용사라고 적혀 있으며 이 날에 태양은 각각 황도상의 황경 27도, 117도, 207도, 297도의 위치에 온다. 여름의 토왕용사는 가장 더운 시기에 있고 겨울은 가장 추운 시기에 있다.

※ 복단일 (伏斷日)

엎어지고 끊긴다는 뜻으로 나쁜날이니 일주일에 한번 만나는 사람이랑 약속 잡는 것을 피하는 것이 좋습니다. 단 화장실 수리나 젖먹이 젖떼는 일, 애인이랑 인연을 끊는 일에는 복단일에 하면 됩니다.

요일	月	火	火	水	水	木	木	金	土	土	日	日
일진	未	寅	酉	辰	亥	丑	午	申	卯	戌	子	巳

※ 월기일 (月忌日)

집들이, 장거리 여행, 연회, 결혼식, 성형수술 등을 하면 흉한 날이지만 인일이나 묘일에는 살이 제거된다.
매월 음력 5일, 14일, 23일입니다.

★ 28宿(숙) 길흉법

인오술 日이고 월요일이면 心(심)이고 화요일이면 室(실)이다.

일진 요일	寅午戌日	申子辰日	巳酉丑日	亥卯未日
月(월)	心(심) 모든 일에 흉	畢(필) 만사 대길	危(위) 만사 대흉	張(장) 만사 대길
火(화)	室(실) 만사 대길	翼(익) 매장 수리 흉	觜(자) 만사 흉	尾(미) 수리 장례 혼례 출행 대길
水(수)	參(삼) 터고르기 길 혼인 개문 흉	箕(기) 수리 혼례 출행 대길	軫(진) 공사 시작 출행 등 길	壁(벽) 집짓기 장례 대길
木(목)	角(각) 수리 혼례 길 이장 불길	奎(규) 공사시작 혼례 길, 안장 불길	斗(두) 공사 수리 안장 대길	井(정) 만사 흉
金(금)	牛(우) 모든 일 불길	鬼(귀) 집짓기 안장 길 혼인 불길	婁(루) 공사 축조 대길	亢(항) 모든 일에 불길
土(토)	胃(위) 공사 혼례 안장 대길	氐(저) 집짓기 혼례 길 장사 수리 불길	柳(유) 공사 시작 매장 등 길	女(여) 집짓기 수리 등 불길
日(일)	星(성) 신방개조 길 매사 불길	虛(허) 만사 대길하나 장사는 흉	房(방) 장사 수리 불길 기타는 대길	昴(묘) 혼례 길 집짓기는 대길

☯ 제수(祭需) 진설(陳設)법

* 제주는 꿇어 앉아 향을 향로에 꽂고 재배합니다.
* 집사가 제주에게 잔을 주며 3번에 나누어 술을 따르고 집사가 술을 받아서 제사 상위에 놓고 제주는 2번 절을 합니다.
* 술잔을 드리고 싶은 사람의 나이순으로 따로 잔을 올리기도 합니다.
* 첨작(添酌)이라 하여 제주가 다시 신위 앞에서 술을 조금 따르고 절을 한후 다음 사람이 다시 술을 3번을 나누어서 따라 채우고 절을 합니다.
* 밥 뚜껑을 열고 수저의 안쪽이 동쪽을 향하게 하여 밥의 중앙에 꽂습니다.
* 참가자 전원이 모두 자리를 비켜서 신위의 조용한 식사를 배려한다.
* 제주가 기침을 3번하고 다 같이 들어간다.
* 숭늉 혹은 생수와 국을 바꾸고 숭늉 그릇에 밥을 3번 조금 떠서 넣고 다른 반찬도 넣고 잠시 묵념한 뒤에 밥그릇의 뚜껑을 덮는다.
* 참가자 모두 절을 하고 신주를 모시고 지방을 태워서 앞의 숭늉이나 생수 그릇에 담아서 집 앞에 조심히 갖다 놓는다.
* 제사는 경사이므로 오른손 등을 왼손이 덮어서 절을 한다. 여자는 반대이다.
* 밤과 대추를 제외한 과일은 홀수로 올린다.
* 음식에 고춧가루와 마늘은 쓰지 않는다. (실고추는 상관 없다.)
* 팥 껍질이 있는 빨간 떡은 사용하지 않는다.
* 복숭아와 꽁치, 삼치 등 치자로 끝나는 생선은 사용하지 않는다.
* 홍동백서(紅東白西)=붉은 과일은 동쪽에 흰 과일을 서쪽에 놓는다.
* 좌포우혜(左脯右醯)=포는 왼쪽에 식혜 젓갈류는 오른쪽에 놓는다.

* 어동육서(魚東肉西)=어물은 동쪽에 육류는 서쪽에 놓는다.
* 두동미서(頭東尾西)=생선의 머리는 동쪽을 꼬리는 서쪽으로 놓는다.
* 건좌습우(乾左濕右)=마른 것은 왼쪽에 젖은 것은 오른쪽에 놓는다.
* 조율이시(棗栗梨柿)=왼쪽부터 대추,밤,배,감의 순서로 놓는다.
  배와 감의 씨가 6개로 같아서 조율시이로 진설하기도 합니다.
* 좌반우갱=반서갱동=메(제사밥)는 서쪽에 국은 동쪽에 놓는다.
* 남좌여우=고서비동=서고동비=제상의 왼쪽은 남자,오른쪽은 여자.

☯ 각 지방마다 가가례(家家禮)라 하여 가풍대로 진설하면 됩니다.

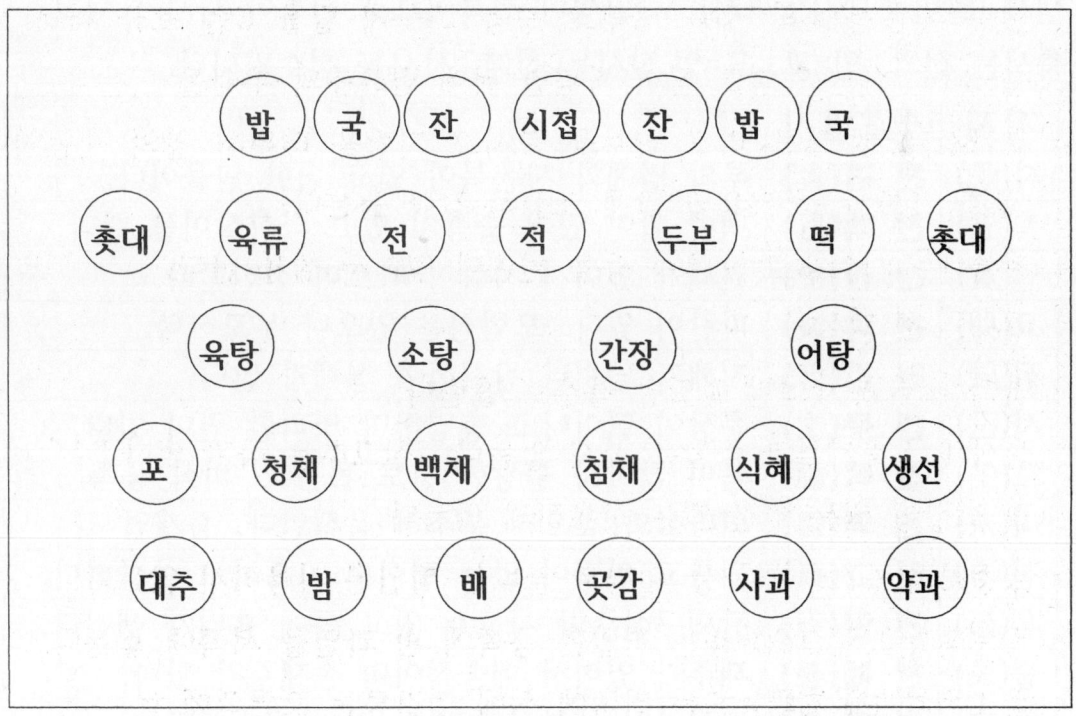

☯ 당사주 보는법

子일때에는 年주에 자가 있으면 자 천귀성이라 칭하고 月주에 자가 있으면 월 천귀성이라 칭하며 日주에 자가 있으면 일 천귀성이라 칭하며 時주에 자가 있으면 시 천귀성이라 칭한다.

당사주는 너무나 간단한 것으로 아래의 도표와 같이 귀 ☞ 액 ☞ 권 ☞ 파 ☞ 간 ☞ 문 ☞ 복 ☞ 역 ☞ 고 ☞ 인 ☞ 예 ☞ 수의 12개의 글자가 변함 없이 돌아가는 것이니 12개의 글자의 뜻만 알고 앞에 하늘 천(天)자만 붙이면 되는 것입니다.

(예) 1941(辛巳)년 4월 23일생 사시생 (12지 출생시간은 뒷장 참조)
신사년 = 천문, 4월생 = 천고, 23일 = 천복, 사시 = 천수입니다.
생년 (초년=20세까지) : 巳년생은 아래의 도표에서 보니 천문이고,
생월 (청년=21세-40세): 4월생은 천문에서 시작하여 1월생은 천문
2월생은 천복, 3월생은 천역, 4월생은 천고이고
생일 (장년=41세-60세): 23일생은 역시 4월생의 천고가 1일이 되고
2일은 천인, 3일은 천예, 4일은 천수가 되니 23일까지
순서데로 세어보면 23일은 천복이 나오게 되고
생시 (말년=61-사망까지): 23일생이 천복이므로 천복이 자시가 되고
축시는 천역, 인=고, 묘=인,진시는 천예, 사시는 천수입니다.

지지	년월일시	해 설
자(子)	천 귀(貴)	부와 명예와 자손복이 있고 귀한 인물이다.
축(丑)	천 액(厄)	액이 끼여 있어 슬픔이 있고 타향살이를 한다.
인(寅)	천 권(權)	권세가 있어서 사람이 따르며 전진한다.
묘(卯)	천 파(波)	파란이 있다. 모험심은 있으나 무모하다.
진(辰)	천 간(奸)	지혜가 넘치나 간사하여 실패가 많다.
사(巳)	천 문(文)	문장이 뛰어나고 총명하며 영리한 면이 있다.
오(午)	천 복(福)	복이 많아서 불쌍한 자도 돕는다, 의식 풍족.
미(未)	천 역(驛)	역마살과 같으며 분주히 움직인다. 중개업 길
신(申)	천 고(孤)	외롭고 인덕이 없는 편이며 고독하고 쓸쓸하다.
유(酉)	천 인(刃)	관재구설수와 사고수 있고 몸에 흉터가 생긴다.
술(戌)	천 예(藝)	재주가 있어서 예술적이며 손재주가 있다.
해(亥)	천 수(壽)	건강하고 행복하며 명이 길어 장수한다.

◀ 부조금 봉투 쓰는 법 ▶

◎ 결혼식봉투　　◎ 회갑봉투　　◎ 초상봉투

| 祝(축) 結(결) 婚(혼) 태평동 秋豊嶺 | 祝(축) 聖(성) 婚(혼) ○○동 金○○ | 祝(축) 回(회) 甲(갑) ○○동 朴○○ | 祝(축) 壽(수) 宴(연) ○○동 崔○○ | 賻(부) 儀(의) ○○동 宋○○ | 弔(조) 儀(의) ○○동 李○○ |

◎ 결혼식= 祝華婚(축화혼), 祝盛典(축성전), 賀儀(하의)
◎ 회갑연= 祝禧宴(축희연), 祝儀(축의), 壽儀(수의), 壽宴(수연)
◎ 칠순연= 70세는 古稀(고희), 77세는 喜壽(희수), 80세는 傘壽(산수), 88세는 米壽(미수), 99세는 白壽(백수)
◎ 초　상= 奠儀(전의), 謹弔(근조:꽃 화환 조화에만 사용)
◎ 축　하= 祝入選(축입선), 祝當選(축당선), 祝發展(축발전)

◀ 명정과 지방서식 ▶

◎ 명정쓰는법　　　　　　◎ 지방쓰는법

| 儒人金海金氏之柩 | 유인김해김씨지구 | 學生全州李公之柩 | 학생전주이공지구 | 郡守夫人密陽朴氏之柩 | 郡守豊川任公之柩 | 군수풍천임공지구 | 顯妣孺人金海金氏神位 | 顯考學生府君神位 | 현비유인김해김씨신위 | 현고학생부군신위 | 顯祖妣孺人仁同張氏神位 | 顯祖考學生府君神位 | 현조비유인동장씨신위 | 현조고학생부군신위 | 顯辟學生府君神位 | 현벽학생부군신위 | 故室孺人慶州崔氏神位 | 고실유인경주최씨신위 |

(벼슬이 없을 때) (벼슬이 있을 때) (부모지방) (조부모지방) (남편지방) (아내지방)

◈ 도서 생활문화사 (추송학 저서) 목록 ◈

번호	책 명	정가	책 내용 설명
2	관상학총비전	10,000원	한글판으로 관상을 아는 관상 비법 일체 수록
3	사주 비전	15,000원	사주의 기초로 누구나 쉽게 통달할 수 있는 책
4	유년 보감	10,000원	한글판으로 유년 신수 및 신통 부적이 있는 책
6	예방 비법	15,000원	각종 부작 예방의 기초로 시험 삼재 등 일체 책
11	성명학 비법	15,000원	작명 해명 회사명 등을 쉽게 이름 짓는 도서 책
12	감정 비전	5,000원	사주로 운명을 감정하는 감정 속성 비결수록
13	역학특수비법	10,000원	사주로 특수한 운명 감정의 비법 등이 수록 책
14	새생활만세력	15,000원	2050년까지 만세력 구성이 있고 사주 찾는 책
16	그림 추사주	20,000원	한글판으로 운명 자녀수까지 아는 당사주 책
18	송학작명사전	15,000원	획수별 오행별 특수 표시로 작명할 때 필수 책
23	일시 비법	10,000원	매일 그 시간의 운과 상대방의 운을 아는 책
26	증산 복역	20,000원	육효의 기초부터 실전까지 확실히 알수 있는책
27	풍수 비결	15,000원	풍수의 명당터를 쉽게 보고 배울 수 있는 책
28	성명의 신비	20,000원	작명 해명 회사명 등을 자신있게 작명하는 책
29	추송학택일력	8,000원	매일운수 매월신수 결혼 이사날 등을 보는 책
34	대운천(수첩)	7,000원	만세력 책으로 대운 천세력의 4분의1의 축소
36	수상 비법	20,000원	손의 생김새와 손금으로 일생의 운을 아는 책
37	역점 비법	10,000원	주역 육효학의 특별한 비법 일절 수록한 책
38	한방 대성	25,000원	병을 치료하는 처방과 진단 방법이 들어 있는
39	가상 비법	10,000원	가정 및 문짝의 위치만 보고도 내력을 아는 책
41	육친 비법	20,000원	육친에 대한 일체의 해설 및 비법이 수록된 책
42	천간 명주	12,000원	한글판 천간으로 평생 운 매년 운을 아는 책
43	사주강의재1권	15,000원	일생의 성격 직업 금전 건강 설명이 있는 책
44	사주강의재2권	15,000원	사주학의 기초부터 천간 지지 설명이 수록된책
45	사주강의재3권	20,000원	각종 운명 해설의 총설명과 실예를 수록한 책
46	사주강의재4권	15,000원	운명의 끝맺음과 총괄 설명 및 실예를 수록한

❂ 철학원 개업하실분 자격증 발급 대행 해드립니다.   휴대폰 010-6655-5737

47	사주강의테이프	30,000원	사주강의 비법이 녹음된 6개의 테이프 세트入
48	육효전집제1권	20,000원	육효 팔괘의 매합 및 기본 64괘 총 해설집 책
49	육효전집제2권	20,000원	64괘 해설 및 괘 작성 방법 등의 비법 수록 책
50	육효전집제3권	20,000원	재물점에서 부터 모든 점의 실예 일절 수록 책
51	육효전집제4권	20,000원	모든 점을 실예로 수록하여 끝을 마무리한 책
52	매 월 운 세	20,000원	한글판으로 시간으로 육효 점술 신수 보는 책
53	운 기 누 설	10,000원	한글판으로 사주의 약점을 이름으로 보충하는
54	인 생 운 명	10,000원	한글판으로 상대의 성격 등을 쉽게 판단하는
55	지 장 경	5,000원	한글판으로 지장경의 원문과 해설이 있는 책
56	백 년 경	20,000원	한글판으로 년월일시로 평생사주를 쉽게 보는
58	오 주 산 책	6,000원	오주의 오행 열 개로 실예를 들어 해설한 책
59	신 통 부	20,000원	한글판으로 750여종의 특수 부작을 수록한 책
61	궁 합 의 선 택	5,000원	오주의 오행 열 개로 궁합의 해설을 하는 책
65	가 정 보 감	20,000원	관혼상례법 일체 수록하고 사주 기초 수록 책
66	팔 괘 감 정	15,000원	한글판이며 주역 팔괘를 쉽게 알수 있는 책
68	명리는천기다	20,000원	사주의 용신 잡는 법과 사주의 특수 풀이법 책
69	풍 수 지 산 록	35,000원	한글판으로 풍수 보는 법과 명산이 수록된 책
72	육효학이론과실제	30,000원	주역 육효의 해설 및 이론의 실재 조직 방법
73	귀 곡 전 서	50,000원	고객이 찾아온 이유를 알고 경마행운 숫자수록
74	산문의풍경소리	15,000원	불교 교리 강의를 체계적으로 쉽게 풀이한 책
76	사주명주격파	25,000원	사주 마지막 마무리 일주비법과 격국 통변법
77	명 리 산 책	50,000원	한글판 사주박사만들기 기초부터 격국용신법칙
78	작 명 대 감	100,000원	한글판 누구나 이름을 성씨만으로 작명하는 책

※우편 : 13110   경기도 성남시 수정구 성남대로 1249번길 5-1
☎ 010-6655-5737   팩스 031-752-3531

농 협   084-12-147005   추병기 앞
우체국 온라인 번호   010231-06-001320   추병기 앞

◈ 책 대금은 위의 계좌 번호로 송금후 연락주시면 보내드립니다.

생활문화사 발행 서기 2024년 갑진(甲辰)년
384괘 【상, 하 합본】 토정비결 조견표

	나이	1세 갑진	2세 계묘	3세 임인	4세 신축	5세 경자	6세 기해	7세 무술	8세 정유	9세 병신	10세 을미	11세 갑오	12세 계사	13세 임진	14세 신묘	15세 경인
상괘태세수	태세	7	8	1	2	3	4	5	6	7	8	1	2	3	4	5
	나이	16 기축	17 무자	18 정해	19 병술	20 을유	21 갑신	22 계미	23 임오	24 신사	25 경진	26 기묘	27 무인	28 정축	29 병자	30 을해
	태세	6	7	8	1	2	3	4	5	6	7	8	1	2	3	4
	나이	31 갑술	32 계유	33 임신	34 신미	35 경오	36 기사	37 무진	38 정묘	39 병인	40 을축	41 갑자	42 계해	43 임술	44 신유	45 경신
	태세	5	6	7	8	1	2	3	4	5	6	7	8	1	2	3
	나이	46 기미	47 무오	48 정사	49 병진	50 을묘	51 갑인	52 계축	53 임자	54 신해	55 경술	56 기유	57 무신	58 정미	59 병오	60 을사
	태세	4	5	6	7	8	1	2	3	4	5	6	7	8	1	2
	나이	61 갑진	62 계묘	63 임인	64 신축	65 경자	66 기해	67 무술	68 정유	69 병신	70 을미	71 갑오	72 계사	73 임진	74 신묘	75 경인
	태세	3	4	5	6	7	8	1	2	3	4	5	6	7	8	1
	나이	76 기축	77 무자	78 정해	79 병술	80 을유	81 갑신	82 계미	83 임오	84 신사	85 경진	86 기묘	87 무인	88 정축	89 병자	90 을해
	태세	2	3	4	5	6	7	8	1	2	3	4	5	6	7	8

	생월	1월	2월	3월	4월	5월	6월	7월	8월	9월	10월	11월	12월
중괘	월건	병인	정묘	무진	기사	경오	신미	임신	계유	갑술	을해	병자	정축
	월건	소3	대2	소7	소2	대7	소4	대3	대1	소3	대2	대6	소3

	일월	1월	2월	3월	4월	5월	6월	7월	8월	9월	10월	11월	12월
하괘 ≡ 음력 생일로 보는 하괘수	1일	3	4	2	5	1	1	6	4	6	5	1	5
	2일	5	4	4	5	4	6	2	2	2	5	1	5
	3일	5	2	6	5	4	6	5	1	5	3	3	3
	4일	3	2	6	3	6	6	5	1	5	2	6	2
	5일	2	4	4	3	2	4	1	1	1	2	6	2
	6일	1	1	3	5	2	4	3	5	3	2	2	2
	7일	2	6	2	2	6	6	3	5	3	6	4	6
	8일	6	3	3	1	5	3	1	1	1	6	4	6
	9일	6	5	1	4	4	2	6	4	6	2	2	2
	10일	2	5	1	6	5	5	3	5	5	5	1	5
	11일	4	3	3	6	3	1	6	6	6	4	6	4
	12일	4	1	5	4	3	1	4	2	4	1	1	1
	13일	1	1	5	2	5	5	4	4	4	3	5	3
	14일	3	2	2	2	1	3	6	6	6	3	5	3
	15일	3	6	4	3	1	3	2	4	2	1	1	1
	16일	6	6	4	1	4	4	2	4	2	5	3	5
	17일	5	1	1	1	6	2	5	5	5	5	3	5
	18일	5	4	6	2	6	2	1	3	1	6	6	6
	19일	6	4	6	5	3	3	1	3	1	4	2	4
	20일	4	1	1	5	2	6	4	4	4	4	2	4
	21일	3	3	5	2	2	6	3	1	3	5	5	5
	22일	5	2	4	4	3	3	3	1	3	2	4	2
	23일	2	6	6	3	1	5	4	4	4	2	4	2
	24일	2	5	3	1	6	4	2	6	2	5	5	5
	25일	5	5	3	6	2	2	1	5	1	3	5	3
	26일	6	6	6	6	5	1	3	5	3	1	6	6
	27일	6	3	1	1	5	1	6	5	6	1	4	4
	28일	4	3	1	4	2	2	6	2	6	3	1	3
	29일	3	5	5	4	3	5	3	3	3	3	1	3
	30일	3	2	4	6	3	5	4	4	4	4	4	4